Franz August Brandstater

Chronologische Übersicht der Geschichte Danzigs

Literaricon

Franz August Brandstäter

Chronologische Übersicht der Geschichte Danzigs

ISBN/EAN: 9783959135207

Auflage: 1

Erscheinungsjahr: 2015

Erscheinungsort: Treuchtlingen, Deutschland

Literaricon Verlag Inhaber Roswitha Werdin, Uhlbergstr. 18, 91757 Treuchtlingen

www.literaricon.de

Dieser Titel ist ein Nachdruck eines historischen Buches. Es musste auf alte Vorlagen zurückgegriffen werden; hieraus zwangsläufig resultierende Qualitätsverluste bitten wir zu entschuldigen.

Chronologische Uebersicht

der

Geschichte Danzigs

von

Dr. F. A. Brandstäter,

Professor am städt. Gymnasium zu Danzig.

Mit einer Abbildung des erweiterten Hohenthores und der Hohenthorbrücke in Danzig nach vollendetem Umbau. Nach einer Originalzeichnung von Max Bischoff.

Danzig, 1879.
Verlag von Theodor Bertling.

Unter dem Titel „Gedanensia" beabsichtigt die Unterzeichnete eine fortlaufende Reihe von zwanglosen Heften resp. Bändchen erscheinen zu lassen, welche der Geschichte Danzigs gewidmet sein sollen. Die historische Vergangenheit der Stadt Danzig, so reich an interessanten einzelnen Begebenheiten, gab schon nicht selten Gelegenheit zu werthvollen monographischen Arbeiten, doch wo sind sie zu finden? In allgemein historischen, oder der vaterländischen Geschichte gewidmeten Fachblättern mitgetheilt, sind sie in den Bibliotheken aufbewahrt, aber dort nur schwer aufzufinden und Wenigen zugänglich, oder in einzelnen politischen Zeitungsnummern zerstreut, konnten sie nur ein ephemeres Dasein genießen.

Wenn nun ein Unternehmen, wie das beabsichtigte, genügende Anerkennung findet, sowohl durch Mittheilung von geeigneten Beiträgen, wie hinsichtlich des erforderlichen Absatzes, dann wäre ein schon oft ausgesprochener Wunsch erfüllt, es wäre ein Sammelpunkt für Beiträge zur Geschichte Danzigs geboten, wo sie aufzubewahren und sicher zu finden sein würden. Dadurch dürfte nicht nur das Interesse an der Vergangenheit Danzigs ein immer regeres und in weiteren Kreisen verbreitetes werden, es dürfte auch für eine künftig zu schreibende vollständige Geschichte Danzigs, an die sich noch Niemand heranmachen will, weil sie einen Theil eines Menschenlebens erfordert, das Unternehmen manchen Baustein liefern. Als nächste Folge ist eine historische topographische Beschreibung der Stadt in Aussicht genommen.

Die Verlagshandlung.

Vorwort.

Eine „synchronistische Geschichtstafel der Stadt Danzig" vom Jahre 1804 war längst vergriffen und sollte durch ein neues Büchlein ersetzt werden. Da ich mich seit lange mit der Geschichte Danzigs mehrfach beschäftigt hatte, namentlich früher behufs der Herausgabe meines Buches „die Weichsel," Marienwerder 1855, und zuletzt wieder mit Rücksicht auf mein im Drucke befindliches Werk: „der Landkreis Danzig," dessen Bearbeitung mir von den Kreisständen übertragen war; so nahm ich nicht lange Anstand, auf den Wunsch des mir befreundeten Herrn Verlegers einzugehen und die vorliegende kleine Schrift abzufassen. Freilich hatte ich mir die obwaltenden Schwierigkeiten nicht genugsam vorgestellt. Was ich aus den gründlichen Untersuchungen von Hirsch und den durch ihn gebildeten städtischen Geschichtsschreibern in vielen Jahren an Kenntniß der Sache gewonnen hatte, was mir Töppen und Andere, so wie eine Fülle einzelner Abhandlungen in einer Reihe verschiedener historischer Zeitschriften über die Provinz außerdem lieferten, wurde in seinen Resultaten nach Möglichkeit verwerthet. Auch die anerkennenswerthe wenngleich mancher Berichtigung bedürfende Darstellung der Geschichte Danzigs von Löschin konnte mir als ein Ariadne-Faden für den größten Theil meines Weges dienen. Aber wenn schon des Letzteren Darstellung bis zum Jahre 1822 manches zu erwägen gab, so hörte diese und überhaupt jede Führung mit dem genannten Jahre gänzlich auf, und die Notizen für die folgenden 57 Jahre mußten sehr mühsam auf verschiedene Weise zusammengeschafft werden. Benutzt sind die hiesigen Zeitschriften, von denen viele nur ein kurzes Dasein hatten, fortlaufend aber das „Danziger Dampfboot" von 1830 an, die „Danziger Zeitung" von 1858 an, die „Wogen der Zeit" von 1848 an u. s. w., sodann die Jahresberichte des Magistrats über die städtische Verwaltung und die des Vorstandes der Kaufmannschaft über die Handelsverhältnisse. Ferner kamen dazu speciell erbetene Nachrichten über städtische Bauten, sowie über die Festungs- und Werftbauten und manches Andere, endlich auch werthvolle Notizen, privatim von Freunden der städtischen Geschichte aufgezeichnet und mir freundlich mitgetheilt. Wenn nach Lessing ein Jeder sich seines Fleißes rühmen darf, so darf auch ich wohl sagen, daß ich keine Mühe gescheut habe, diese kurze Zusammenfassung unserer Stadtgeschichte so vollständig wie irgend möglich zu machen. Gleichwohl ist es nicht bloß möglich, sondern auch wahrscheinlich, daß bei den vielen Tausenden von Einzelheiten mir eine oder die andere doch entgangen ist, und ich begnüge mich nicht mit einer allgemeinen Entschuldigung, sondern füge die Bitte hinzu, im Interesse der Sache mir oder auch dem Herrn Verleger das Uebersehene sowie etwaige Irrthümer für eine künftige neue Auflage gefälligst bemerklich zu machen. So dürfte das Büchlein in nicht langer Zeit die wünschenswerthe Vollkommenheit erreichen; möge es auch schon in der jetzigen Gestalt Anklang finden und den Sinn für die einheimische Geschichte beleben helfen. Möge die großartige Vergangenheit unserer Stadt patriotische Begeisterung in den Bewohnern erwecken, und wenn die Leistungen der neuesten Zeit dankbare Anerkennung für die Urheber derselben fordern und erhalten, so gehört auch dieses zu den Wünschen, mit denen der Verfasser das Schriftchen in die Welt hinaussendet.

Danzig im März 1879.

Prof. Dr. Brandstäter.

Das erweiterte Holzthor und die Hohethorbrücke in Danzig nach vollendetem Umbau.

Nach einer Originalzeichnung von *Max Bischoff*.

Verlag von Theodor Bhartius in Danzig.

1. Vorgeschichte.

Aelteste unzureichende Nachrichten über die Küste an der Weichselmündung bei Pytheas (c. 340 v. Chr.), Plinius (c. 70 n. Chr.), Tacitus (um dieselbe Zeit), Ptolemäus (c. 150 n. Chr.), Jornandes (c. 550). Völkerschaften: Sciren oder Schyren, Wenden oder Veneder, östlich von der Weichsel Aisten oder Aesthyer, später seit 1000 Pruzzen oder Prutenen genannt. Die Gothen; ihr König Ermanrich unterwarf auch die Aisten, welche „die weite Küste des germanischen Meeres bewohnten", um 350. Die Aisten (Eastas) zuletzt erwähnt in Wulfstan's Reisebeschreibung um 900, nicht mehr bei Adam von Bremen und in der Lebensbeschreibung des heil. Adalbert um 1000; Jener nennt die Pommern (Pomore, Pomorze) zwischen Oder und Weichsel, diese die Pruzzen an der Weichsel und östlich von ihr. Am Ausflusse des Stromes kennt Jornandes die Vidivarier (fälschlich Viridarier), südlicher und östlicher Eginhard im Leben Karls des Großen die Slawen oder Sclawenen, Andere die Ulmirugier (fälschlich Ulmigerier, Culmirugier).

Zahlreiche Aufgrabungen von Begräbnißstätten verschiedener Art in dem pomerellischen Plateau von Neustettin, Schlochau, Konitz bis Oliva ꝛc. geben manche Veranlassung zu geistreichen Combinationen über verschiedene frühere Bewohner der Gegend von Danzig, namentlich die genauen Ausmessungen der Schädel, die Urnen, unter denen die Gesichtsurnen ein besonderes Interesse erregen, die Steinkistengräber, die Brandgruben, die vorgefundenen Schwerter von Bronze, Steinhämmer, römische Denare und andere Münzen, Schmuckgegenstände ꝛc., doch ist diese „historische Anthropologie" noch eine zu neue Wissenschaft, um Sicheres über die vorhistorische Zeit zu ergeben.

890. Der Angelsachse Wulfstan kommt mit Other dem Normannen auf König Aelfred's Befehl nach Weonodsland (Vinbland, Vinnland ꝛc.), ins Land der Wenden, womit überhaupt die Südküste der Ostsee bezeichnet ist, nach der Meinung Einiger aber speciell Samland. In seiner vom Könige selbst abgefaßten Beschreibung der Seereise wird Wislemub (Weichselmünde) genannt sammt der Wisle, welche „an Witland und Wendenland fließt und aus letzterem kommend sich ins Estenmeer (frische Haff) ergießt."

997. Der heil. Adalbert, Erzbischof von Prag, kommt voll Unmuth über die heimischen Zustände und zugleich voll Bekehrungseifer nach dem noch größtentheils heidnischen Weichsellande, findet hier angeblich einen Ort Gidanie (Danzig) und zahlreiche christliche Bewohner, geht nach der gewöhnlichen Erzählung übers Meer (vielmehr wohl übers Haff) nach Samland und findet den Märtyrertod.

Sage von einem kassubischen oder wendischen Raubfürsten Hagel (Jagiel), der um diese Zeit eine Burg auf dem Hagelsberge gehabt haben und bei einer wilden Festlichkeit überfallen und erschlagen sein soll. — Von einer Stadt D. und städtischen Einrichtungen ist damals noch nicht die Rede; nahe der Burg, an der Weichsel, befanden sich Fischerhütten und Buden (Hakenbuden, Tabernae).

1109. Der pomerellische Fürst Mestwin I., „Fürst von Danzig", stiftet das Kloster Zuckau.

Das älteste Schloß in Danzig soll 1163 vom dänischen Könige Waldemar I. erbaut sein; damit hängt zusammen die unbegründete Sage von der Erbauung und Benennung Danzigs durch Dänen, sowie die ebenso wenig sichere Angabe dänischer Historiker über die weiten Eroberungen des Dänenkönigs Kanut des Großen bis nach Samland hin, welche sich höchstens auf augenblickliche Besetzung beliefen. — Das alte Schloß soll der fabelhafte pomerellische Fürst Subislaus (Sobieslaw) 1164 erobert und vergrößert haben.

2. Die Zeit bis zur Ordensherrschaft.

1178. Der pomerellische Fürst Sambor stiftet das Cisterzienser-Kloster Oliva und stattet es reich aus.

1185 angeblich die Altstadt Danzig zuerst gegründet sammt der (ältesten) Katharinenkirche von Herzog Subislaus. Erwähnt wird sie als Pfarrkirche zuerst 1243, als der heil. Katharina geweiht erst 1263.

1198. Privilegium des pomerellischen Herzogs Grimislaus für den Ort „Gdanczk", seine damalige Hauptburg.

Um **1200** Danzigs Handel als ansehnlich erwähnt in der Stiftungs-Urkunde des cujavischen (leßlauischen) Bisthums.

1209. Herzog Mestwin I. weist dem Kloster Zuckau eine Abgabe von fremden in Danzig verkauften Büchern zu; er nennt sich Dei Gratia Princeps in Gdancz, und das Castrum Gedanense, welches wahrscheinlich auf oder an dem Hagelsberge lag.

1210. Mestwin unterwirft sich der Herrschaft des siegreichen plündernden Dänenkönigs Waldemar's II.

1215. Der Mönch und dann Abt Christian in Oliva wird vom Papste zum ersten preußischen Bischofe ernannt.

1220. Herzog Mestwin I. †. Sein ältester Sohn Swantopolk folgt ihm (1220—66, † zu Danzig im 97sten Jahre.)

1227. Swantopolk baute vorher außerhalb Danzigs (der Altstadt) eine Kapelle dem hl. Nikolaus, dem Patrone der Schiffer und Fischer; sie wird 1227 den Dominikanern unter Hyacinth, einem Schüler des hl. Dominicus, aus Krakau, übergeben und zur großen Kirche erweitert.

1230. Hermann von Salza, Hochmeister des 1190 bei Akre in Palästina gestifteten Deutschen Ritter=Ordens vom Spital zu Jerusalem (Marianer=R. O.), nachdem er seinen Sitz nach Venedig verlegt, beschließt die Thätigkeit desselben, auf Bitten des Herzogs Conrad von Masovien und des preußischen Bischofs Christian, gegen die heidnischen Preußen zu verwenden. Er sendet als Landmeister Hermann von Balke hin, welcher die Burgen Vogelsang, Nassau, Thorn ꝛc. erbaut und die Bezwingung des Landes beginnt.

1235. Danzig in lebhaftem Handelsverkehr mit Lübeck. (1259 erhält ein Danziger dort das Bürgerrecht.) — Neue Einwanderer in die Tabernen von Danzig; Herzog Swantopolk ertheilt ihnen noch vor seinem Tode (1266) die Freiheiten der übrigen deutschen Communen in seinem Gebiete.

1243. Aelteste Marienkapelle an der Stelle der jetzigen großen Kirche.

Herzog Swantopolk, mit dem Orden in Krieg gerathen, ist nicht glücklich. Nachdem die Ritter seine Hauptburg Sartowitz sammt dem Haupte der hl. Barbara erobert, muß er Frieden schließen, ihnen die Burg und als Geisel seinen Sohn Mestwin überlassen. Dessen Loslassung sammt Beilegung der Grenzstreitigkeiten erfolgt erst nach wiederholter Erneuerung des Krieges 1248.

1248 und noch zweimal verspricht Swantopolk allen Schiffbrüchigen Schutz vor Beraubung.

1260. Papst Alexander IV. bewilligt dem Dominicanerkloster zu D. einen großen Ablaß auf den Tag des hl. Dominicus (5. Aug.); Ursprung der lange sehr bedeutenden Dominiksmesse in D., zunächst vor dem Hohen Thore. — Die Altstadt hatte 1263 schon deutsche Communal=Einrichtungen und Vorzüge vor andern Städten in der Gerichtsverfassung; an der Spitze stand ein Schulze und mehre Rathmanne.

1266. Herzog Swantopolk † hochbetagt, indem er seinen Söhnen Mestwin und Wratislaw Freundschaft mit dem Orden anempfahl. In dem bald erfolgenden Bruderzwiste nach der Theilung, wobei M. das südliche Gebiet um Schwetz erhielt, Wr. aber „Herzog von Gdansk" wurde, rief M. die brandenburgischen Markgrafen Conrad und Otto zu Hülfe, welche 1271 Danzig besetzen mußten, und wurde durch Wr.'s baldigen Tod Herr des Landes. Aber die Wojwoden und Castellane verweigerten ihm den Gehorsam, und erklärten, gewonnen durch Geschenke und Verspre= chungen seines Schwestersohnes, des Polenkönigs Przemyslaw, nur diesem gehorchen zu wollen. Auch erhielt dieser die Huldigung mit Zustimmung M.'s, der sich mit dem Versprechen der Nachfolge abfinden ließ. Beide zu= sammen vertrieben die Fremden mit stürmender Hand, zerstörten die Burg und erbauten unweit der Weichsel und Mottlau eine neue stärkere Burg von Pfahlwerk an der Stelle der nachherigen Ordensburg.

1272. Die Lübecker wiederholt von allen Zöllen hier befreit.

1283. Beendigung des großen Aufstandes der heidnischen Preußen gegen den Orden. Dieser verlangt das ihm von Wratislaw übertragene Gebiet von Danzig sammt der Stadt. Vermittlung des päpstlichen Legaten Philipp: der O. erhält Mewe mit Schloß, Gebiet und allen Nutzungen.

1288—95. Beginn der Deichbauten an Nogat und Weichsel unter dem Landmeister Meinhard (Meineke) von Querfurt. Besiedelung der Werder (anfänglich 5 Ortschaften).

1293. Den Elbingern wirkt der Orden Zollfreiheit in Danzig und Pomerellen aus. — Die Lübecker erhalten 1295 in D. ein Pallacium (Kauf= haus mit Wohnungen) unweit der Burg, mit eignen Richtern in Handels= sachen und mit Asyl=Recht.

1295. Mestwin II. † nach Verlust aller seiner Kinder, die er von seiner Gemahlin, einer früheren Nonne, hatte. („Strafe des Himmels.") Przemyslaw, zum Könige von ganz Polen und zum Herzoge von Pommern gewählt, besetzt Danzig und befestigt die Stadt mit Planken; schon nach 8 Monaten wurde er auf der Jagd auf Anstiften der Markgrafen von

Brandenburg getödtet, vorgeblich, weil er seine Gemahlin, eine Verwandte Jener, vergiftet habe. Sie besetzten das Land, während der König Wladys= law Lokietek gegen die aufständischen Großen seines Reiches zu kämpfen hatte. Die Burg von D. vertheidigte der Landrichter Bogussa, die Stadt verrieth der Kanzler Swenza an die Markgrafen. Da Bog. vom Könige weder Truppen noch Geld erhielt, rieth er ihm, die Kreuzherren (deutschen Ritter) zu Hülfe zu rufen, und der Hochmeister Siegfried von Feuchtwangen (bereits in der Marienburg residirend) schloß mit ihm einen Vertrag, nach welchem ihnen das halbe Schloß auf ein Jahr und bis zur Abtragung der Kriegs= kosten eingeräumt wurde. Nach dem Abzuge der Markgrafen wurde auch die Besatzung in der Stadt niedergehauen, indem sich die Ordensknechte während des Dominiksmarktes 1308 massenweise als Kaufleute verkleidet ein= schlichen und im Bunde mit den deutschen Bewohnern über sie herfielen, so daß in den Straßen 10,000 Menschen ums Leben kamen. Der Zorn des Papstes blieb wirkungslos, und Markgraf Waldemar willigte in die Abtre= tung Danzigs sammt der Burg, nebst Dirschau und Schwetz, gegen eine Zahlung von 10,000 Mk. (140,000 Thaler). Die Burg wurde nun noch stärker befestigt, die Befestigung der Stadt aber und theilweise diese selbst zerstört. Bogussa, der den Abzug der Ordensknechte unter dem Comthur Günther von Schwarzburg verlangt hatte, war gefangen gesetzt, und nach vielem Streit wurde die polnische Besatzung vertrieben.

3. Die Zeit der Ordensherrschaft.

1311 war Stadt und Schloß Danzig sammt dem größten Theile von Pomerellen in den Händen des Ordens. — „Hantveste der (polnischen) Hachelwerker vor dem Huze" (dem Schloße) am 10. Febr. 1312, vom Hochm. Carl Beffart von Trier: Bestätigung der früheren Freiheiten für Fisch= und Bernsteinfang, so wie der bisherigen Dienstleistungen, mit polnischem Rechte. Gewerk der Seuner (Seugener oder Seefischer, 1454 zu einer deutschen Zunft umgewandelt). Neben dieser polnischen Ortschaft gegen die Weichsel hin wurde um dieselbe Zeit am linken Ufer der Mottlau aufwärts eine deutsche Stadt gegründet, welche später die „Rechte Stadt" hieß und vom Orden anfangs begünstigt wurde.

1313 u. ff. dreijährige Theuerung (der Scheffel Korn 84 Thlr.), und dann große Wohlfeilheit.

1321. Bestätigung des Abkommens zwischen dem Orden und dem Markgrafen Waldemar durch den Kaiser Heinrich VII. Die päpstliche Curie entschied vergebens zu Gunsten des klagenden Königs Wladyslaw. 1329 griff er zum Schwerte und trieb die Ordenskrieger unter entsetzlichen Verwüstungen in die Burgen zurück, schloß aber, vom Glücke verlassen, mit dem Hochm. Luther von Braunschweig Waffenstillstand, trotz der Einsprache des Bischofs von Cujavien und seiner Klage beim Papste.

1325. Hochm. Werner von Orselen (ermordet 1330) verordnet, jeder Ungelehrte solle das Vaterunser, das Ave Maria und den Glauben in deutscher Sprache hersagen.

1326. Die Katharinenkirche neu erbaut und durch den angebauten Chor vergrößert. Pfarrherr Henricus dort 1327 genannt, und 1329 ein Pfarrer der „St. Katharinen-Kapelle auf der Altstadt" erwähnt.

1330. Ordentliche Gründung der allmählich entstandenen „Rechten Stadt" mit den 4 Hauptstraßen: Brauer- (Hunde-), Lang-, Bäcker- (Jopen- und Brobbänken-) und Heilige-Geist-Gasse, nebst Speichern am andern Mottlau-Ufer; 1330 s. bereits Civitas genannt; mit Rathmannen, städtischen Gewerben, Brauereien, Fleischerzunft, Kittel- (Schlacht-)Hof auf der Speicher-Insel, und einem Hospital des h. Geistes, zunächst in der davon benannten Gasse, die auch nach der Verlegung ihren Namen behielt. Ihm schenkte der Orden das Dorf Schüddelkau 1333, ein reicher Bürger die Hälfte des Dorfes Mutterstrenz (Hochzeit). — Der Bischof von Cujavien muß sich die Verwandlung des Zehnten in eine Geldabgabe gefallen lassen.

1331. Beginn des neuen aus Stein erbauten Schlosses in D. unter dem Hochm. Luther von Braunschweig.

1335. Friede zu Wyßogrod: König Kasimir der Große von Polen „schenkt als ewiges Almosen" dem Orden Pomerellen förmlich, „für sein und seiner Vorfahren Seelenheil", doch ohne das bischöflich-cujavische und das Dobriner Gebiet.

1340 u. f. wird eine Verbindung preußischer Städte, darunter Danzig, in den Handelsprivilegien vom Grafen Wilhelm von Holland erwähnt; 1347—56 Willkür des deutschen Kaufmanns in Brügge; 1367 s. werden als Bundesstädte genannt Kulm, Thorn, Elbing, Danzig, Königsberg, Braunsberg.

1341. Hochm. Dietrich von Altenburg bewilligt der Stadt D. eine Abgabe von allen in der Weichsel ein= und auslaufenden Schiffsgütern.

1342. Die Bürgerschaft kauft 3 pomerellischen Edelleuten ihre im städtischen Bereiche gelegenen Wiesen ab, und bewegt die Lübecker zur Abtretung ihrer Factorei.

1343. Hochm. Ludolf König von Weizau bestätigt in einer Handveste der „Rechten Stadt" alle bereits erworbenen städtischen Rechte: Besitz, eigne Verwaltung, kulmisches Recht und Gericht; 1346 in einer Declaration Ordnung des Verhältnisses zwischen Rath und Gemeinde, Appellation nach Kulm, Markt= und Befestigungsrecht, Errichtung öffentlicher Gebäude, Grundzins nach eigenem Ermessen; Vergrößerung des Gebietes auf dem rechten Mottlau=Ufer, Anlegung von Dörfern. Der Orden behält sich vor: Antheil an den Gerichtssporteln, das Patronat über die Marienkirche, die Verwaltung des h. Geist=Hospitales, die Aufsicht über den Radaunenkanal, die Mottlau und ein angrenzendes Gebiet, endlich das Vorkaufsrecht im Fischhandel.

Bau der Stadtmauern (Thurm des Stadthofes ꝛc.). Beginn der neuen größeren Marienkirche um und über der alten, (der Bau hat 159 Jahre gedauert), der 4 Dämme von ihr nach dem „Hausthore" zum Schlosse hin. Ein (früherer) Glockenthurm zu St. Marien wird schon 1363 erwähnt.

1344. Streit der Bürger mit den Dominicanern; diese auf das Kloster beschränkt.

1345. Hochm. Dusemer von Arfberg bis 1351, tritt dann freiwillig ab. Sein Nachfolger Winrich von Kniprode bis 1382.

1346. Der Stockthurm im Norden der St. erbaut.

1347. Ablaßbrief des Weihbischofs Stephanus für die Marienkirche; ein zweiter 1354 vom leßlauischen Bischof Matthias.

1349. Die große Mühle erwähnt. Der Radaunen=Canal (2 Meilen lang, von hinter Praust bis nach Danzig) 1348—54 gegraben, anfangs „der neue Mühlgraben" genannt.

1351. Schützengilde(n) in D. gestiftet. — Großer Sturm, 60 Schiffe im Hafen zertrümmert. — Die St. Katharinen=Gilde auf Hela gestiftet (?) zur Bestattung der beim Schiffbruche Ertrunkenen.

1352. Die Pest rafft in D. 13,000 Menschen hin. Urkunde mit dem Siegel des rechtstädtischen Rathes, vollkommen übereinstimmend mit dem ältesten von 1299.

1356. Hochm. Winrich von Kniprode mit dem Bischofe von Cujavien in D. zur Ordnung der Besitzverhältnisse.

1357. Das Hospital zu St. Elisabeth (der „Elendenhof") auf der jetzigen Stelle neu gegründet; wahrscheinlich zur selben Zeit die andern Hospitäler.

1358. Die St. Johanniskirche als Filiale von St. Marien gegründet.

1360. Palast des cujavischen Bischofs auf dem Bischofsberge.

1361. Der litthauische Fürst Kynstut, von den Ordenskriegern geschlagen und gefangen nach Marienburg gebracht, entkam, und um sich am Orden zu rächen, wollte er den Dominiksmarkt und das freie Geleit des Ordens für eine Schaar Russen benutzen, um die Stadt zu überrumpeln. Verrath zweier Russen, Sperrung der Thore, Bewaffnung der Bürger, die Gefahr abgewendet. Den Fremden nur 5 Dominikstage verstattet. — Ein Danziger Rathmann erscheint als Deputirter des Preußischen Städtebundes in Greifswald.

1362 u. ff. Seekrieg der preußischen Städte gegen König Waldemar von Dänemark, der mit dem Orden Frieden hat; unter ihnen stellt D. die meisten Streiter.

1363. Damals hatte der Pfarrherr zu St. Marien als Gehülfen 4 Kapläne in seinem Hause wohnen.

1366. D. als Mitglied des Hansa-Bundes genannt.

1367. Die Oelmühle erwähnt (1365 ein Kupferhammer), 1374 die Loh- und Walkmühle, 1381 eine Badstube, 1397 eine Ledermühle 2c.

c. 1370. Die Bartholomäuskirche erbaut. Grundstein zum Artushofe. — Die Priesterbrüderschaft von St. Marien gestiftet.

1377. Ein D. Bürgermeister und ein Compan zuerst erwähnt.

Wallfahrt eines geächteten Danzigers zum h. Jacob nach Spanien, (San Jago di Compostella) als „Jakobsbruder."

1378. Neue Handveste des Hochm. Winrich von Kniprode. — 22 Gewerke. 24 hanseatische Schiffe mit preußischem Gute, besonders Heringen, werden von französischen Schiffen aus der Normandie und Picardie angefallen und die Beute unter die Räuber vertheilt. König Karl V. verschafft in Folge einer Gesandtschaft vollständigen Ersatz und beweist sich gegen jene höchst freundlich. Neue Unruhen in Flandern und Unsicherheit der Seefahrt 1379. Dieses Jahr äußerst fruchtbar an Getreide. Wein schon am Bartholomäustage gekeltert. — Der Graben und die Mauer am Hohen Thore angelegt.

1380. Die Jungstadt angelegt; sie erhält vom Hochm. kulmisches Recht und das Dorf Zochanke (Zigankenberg) nebst mehren Grundstücken, bis an Pietzkendorf und Langfuhr, unter den Bedingungen wie die Recht=stadt (s. oben 1343). Jedes Haus zahlt einzeln Abgaben. Raths=Collegium 1386 genannt (Bürgermeister, Compan und 6 Rathmanne); Siegel mit dem h. Bartholomäus. Der Anbau fand nur langsam statt.

1382. Winrich von Kniprode †. Ihm folgt Jacob Zöllner von Rothenstein. Seitdem wichtige Veränderungen: der Orden hatte seit der Christianisirung Litthauens seine Mission erfüllt, an die Stelle der Heiden=fahrten trat ritterliches Schaugepränge. Wachsende Macht Polens, welches den Orden zu bemüthigen und von der Ostsee zu verdrängen strebt. Doch bei friedlicher Politik erfreut sich derselbe einer Nachblüthe und materiellen Wohlhabenheit seiner Länder, welche ihm die Möglichkeit giebt, sein Gebiet bis zur Oder auszudehnen, und besonders Danzigs Macht zu gute kommt. — Johann von Russoczin, ein polnischer Edelmann, stiftet das Karthäuser=kloster Marien=Paradies, 5 Meilen von D., und schenkt ihm 3 Dörfer; der Danziger Joh. Thiergart baut auf eigne Kosten die Kloster=Kirche dort. — Das h. Geist=Hospital tritt der Orden der Stadt ab.

1383. Günstiger Handelsvertrag mit Frankreich, 1388 mit England, 1404 mit Böhmen und Schlesien durch Fürsorge des deutschen Ordens.

1387. Die Hochschule zu Kulm gegründet vom Hochm. Zöllner v. R. — Der Bürgermeister Wallrabe vermacht einige Grundstücke der Kapelle und dem Hospitale auf Langgarten.

1388. Klagen der preuß. Städte über den Orden auf der Tagfahrt zu Marienburg, (nehmen seitdem immer zu), daß seine Beamten willkürlich verfahren, durch eigene Handelsunternehmen die der Städte schädigen und ihnen nach außen hin Verlegenheiten bereiten.

1389. Große Theurung; eine Schiffsladung Weizen aus England hergebracht. — Den Dominikanern wird erlaubt, den Thurm Kick in de Kök zu erbauen. Er wurde c. 1410 um ein Stockwerk erhöht.

1391. Hochm. Conrad von Wallenrodt erweitert die Jungstadt, deß=gleichen seine Nachfolger, zum Schaden der Rechtstadt. — Die große Wasser=mühle brennt ab, wird aber bald hergestellt.

1392. Auftreten der h. Dorothea (Schwarz) aus Montau, verehel. Albert; sie und die Pfaffen eifern gegen den Hochm., der 1393 in Wahn=sinn stirbt.

1393. Hochm. Conrad von Jungingen legt die Vorstadt an, und in ihr die Petri-Kirche, sowie 1394 die (neue) der h. Elisabeth. — Seeräuberei in der Ostsee. — Die preußischen Städte gegen den Orden unfügsam.

1394. Der Hochm. verwandelt die Niederlassung der Birgittinerinnen in ein „Hospital der Büßerinnen," die sich durch Jugend-Unterricht und weibliche Arbeiten nützlich machen sollen. Die heil. Dorothea †.

1395. Ein achtjähriger Krieg zwischen Albrecht von Mecklenburg und Margaretha von Norwegen wird durch Vermittelung von 7 Hansa-städten beendigt. (A. war 1363 vom schwed. Volke zum Könige gewählt gegen Magnus III., doch trugen die Großen später der Königin Marg. von Dänemark-Norw. die Krone an. Sie besiegte A., nahm ihn gefangen und hielt ihn sammt seinem Sohne Erich 7 Jahre lang in der Gefangenschaft. Die Städte machten sie frei, indem sie sich verbürgten, daß beide nach 3 Jahren in dieselbe zurückkehren würden, falls sie die Königin nicht mit Geld oder sonst zufrieden stellen könnten. Sie erhielten vom Könige zur Sicherheit Stockholm sammt dem Schlosse, um es schlimmen Falles nach 3 Jahren an die Königin zu übergeben, oder 60,000 Mark zu zahlen. Der Danziger Hauptmann Hermann von der Halle commandirte nun mit einem lübeckischen in Stockholm. Erich starb, und A. verschmähte die Wiederein-setzung. Nach vieler Ueberlegung übergaben nun Jene Stockholm an Marg.)

1396. Das hölzerne Blockhaus Weichselmünde zum Schutze gegen die Ueberfälle der Seeräuber (Vitalianer) erbaut, unter einem vom Orden eingesetzten „Mundemeister."

1398. Die preuß. Seestädte erheben für sich den „Pfundzoll", sind bereit den Krieg gegen Dänemark fortzusetzen, nicht aber, den Pfundzoll an die allgemeine Kasse der Hanseaten abzuliefern.

1402. Die Hakelwerker überlassen der Jungstadt einen Theil ihres am Radaunen-Canale beim „neuen Damme" (Schüsseldamme) gelegenen Grundgebietes und erhalten dafür die Schild-Insel an der großen Mühle rc. Die Altstädter legen, um sich gegen die Jungstadt abzuschließen, einen Wall mit Graben an. — Der falsche Olaf, angeblich der (verstorbene) Sohn der Königin Margaretha von Dänemark, wird von den Danzigern ehrenvoll auf-genommen; den Zorn der Königin darüber beschwichtigt der Hochmeister.

1403. Vermuthlicher Anfang der Vergrößerung der Marienkirche.

1405. Sehr wohlfeile Zeit in Preußen: die Last Korn 5 Mark, Weizen 7 Mark, Gerste 3 Mark, Hafer 2 Mark, eine Tonne Honig 4 Vierdung, eine Tonne grob Salz 20 Scot, eine T. Hering 10 Groschen.

1407. Ulrich von Jungingen folgt als Hochm. auf seinen Bruder Conrad von J. — Klagen der Werder-Insassen vor ihm wegen gegenseitigen „Ersäufens" (wegen mangelhafter Entwässerung).

1408—10. Klagen der Städte auf den Tagefahrten über die Willkür der Ordensgebietiger und Beamten, welche der Hochm. in Schutz nimmt. Da die Städte die vom Orden geliehenen Gelder nach Abschaffung des Pfundzolles nicht zurückzahlen können, zieht diesen der Hochm. selbst ein (1409), ⅔ für sich, ⅓ für die Städte.

1410. Der Hochm. erklärt dem Könige Jagello von Polen und dem Großfürsten Witold von Litthauen den Krieg und fällt in der Schlacht bei Tannenberg (unweit Gilgenburg) mit 40,000 Streitern; von den 1200 mitgezogenen Danzigern unter Albrecht Mantell kehren nur 300 zurück. Der König gewinnt viele Städte in Preußen durch Gewalt oder Versprechen, nicht aber die Danziger. Sie schicken bei der allgemeinen Kopflosigkeit zur Vertheidigung des Hauptschlosses Marienburg, welche Heinrich von Plauen muthig leitet, 1500 Bewaffnete, darunter 400 rüstige junge Seeleute (Schiffskinder), verstärken die Besatzung des Danziger Schlosses durch 300 Söldner, schaffen Lebensmittel hinein und verhindern den feigen Komthur an der beabsichtigten Uebergabe. Sie steuern auch 100,000 Goldgulden, und Bürgermeister Conrad Letzkau stattet dem Orden für genossene Pflege und Ausbildung Dank ab, indem er sich mit seinem Schwiegersohne Barthel Groß in Bettlerkleidung nach Deutschland durchschleicht und für den Orden Mannschaften theils selbst anwirbt, theils von dortigen Fürsten gewinnt. Einfall bis in die Nehrung von plündernden Polen und Tataren, tapfer abgeschlagen. — Ein großer Brand in der Stadt verzehrt die Drehergasse und den Krahn, welcher jedoch bald trotz dem Widerspruche der Ordensbeamten als städtisch wiederhergestellt wird. Die Uebergabe von Marienburg verhindert durch Mangel an Lebensmitteln und Auflösung der Zucht im Heere des Königs; er zieht ab und schließt den „ewigen Frieden" zu Thorn mit dem Orden.

1411. Schon 1410 hatte König Jagiello-Wladyslaw den Danzigern Vergrößerung ihres Gebietes, den Besitz des Hafens und der Küste der Nehrung bis auf eine Strecke von 2 Meilen nach Osten, nebst Fischfang und Holzschlag zugestanden. Dann erhielten die preußischen Städte auch freie Verfügung über die Landesmünze, über die Einfahrt bei Balga, über die Ordensspeicher in Elbing und Danzig, und Handelsfreiheit für das ganze polnische Reich. Daher Haß und Neid der Ordensgebietiger gegen die Stadtbürger, besonders gegen Letzkau, den eifrigen Vertheidiger ihrer Rechte. Auch der Hochmeister zürnte, noch mehr sein Bruder, der Komthur im Danziger Schloße. Jener sperrte der Stadt den Seeverkehr und verlegte ihren Stapel nach Elbing; dieser ließ, obwohl scheinbar in der Marien-Kirche feierlich versöhnt, die Bürgermeister Letzkau, Hecht, Huxer aufs Schloß laden und sammt Groß schändlich und grausam ermorden (Charwoche 1411. Die Neben-Umstände sowie die Motive sind von Anhängern des Ordens und denen der Stadt sehr abweichend dargestellt). Die Bürger, welche ihre Häupter nur gefangen gehalten glaubten, erhielten spät deren Leichname, die in stummer Trauer (Letzkau und Hecht am Hauptaltare der Pfarrkirche) beerdigt wurden. Letzkau's Tochter, die Wittwe des Groß, wurde aus der Stadt gejagt, als sie ihrer Erbitterung Luft machte, und der Hochm. that nichts zur Sühne des Frevels. Als Hauptgrund der blutigen That wurde Letzkau's Ungehorsam und Willkür angegeben, der ohne Wissen des übrigen Rathes und der Bürgerschaft an den Ordensvogt in Dirschau einen Fehdebrief erlassen habe.

Der Orden verpfändet in großer Geldnoth die Neumark und mehre Schlösser, und legt den D. eine Vermögenssteuer auf; der Komthur nimmt die Abgeordneten der aufgestandenen Bürgerschaft gefangen, muß sie aber freilassen. Vertrag durch Vermittelung der Landstände in Braunsberg: Danzig zahlt die Steuer und noch 18,000 Mk. Strafe.

1412. Große Feuersbrunst; die Beutlergasse ꝛc. bis zum Rathhause zerstört.

1413. Der Hochm. Heinrich v. Plauen bestätigt die Stiftung einer Büchersammlung in der Marienkirche.

1414. Der Hochm., der sich die Städte und durch Begünstigung der hussitischen Lehre auch die Geistlichkeit zu Feinden gemacht hat, wird mit Genehmigung des Papstes feierlich entsetzt, sowie auch sein Bruder, der Komthur in Danzig. Michael Küchmeister von Sternberg tritt als Hochm. an seines Gegners Stelle. Vor seiner Wahl werden mehre Beschwerden der preußischen Städte abgestellt. Krieg mit Polen (Hungerkrieg) wegen der restirenden Kriegsschuld, auch mit dem Bischofe von Cujavien, Joh. Kropidlo, der die Städte dem D. abwendig zu machen und zu Polen zu bringen suchte. Dessen Steinhaus auf dem Bischofsberge vom Orden und den auf die „Baußenhansen" eifersüchtigen Stadtbürgern, die der Bischof auf seinem Gebiete schützte, 1414 zerstört und aus den Steinen der Bischofsthurm an der Vorstadt erbaut. In D. finden die Hussiten viel

Anhang, besonders durch Dr. Pfaffendorf und seine Schüler. Widerstand der Dominikaner, Spaltungen und schlimme Scenen; der Hochm. erscheint in Danzig und spricht für die Dom. gegen die Hussiten, deßgl. das General-Capitel in Braunsberg. Alle Chroniken sollen abgeliefert und vertilgt werden, was nicht völlig ausgeführt wurde. — Erneuerung der Brüderschaft des Artushofes, welcher zuerst als Curia Regis Arthuris 1379 erwähnt wird, auch das „Theater" genannt, gelegen in der „Langgasse" (Langen-Markt), mit der Hinterseite in der „Bäckergasse" (Brobbänkengasse). (Siegel der Altstadt mit der h. Katharina als Drachentödterin.)

1415. Starke Holzzufuhr: die Mottlau bis eine Meile von der Stadt ganz mit Bau-Holz bedeckt, und vieles in der Weichsel.

1416. Aufruhr der Bürger (bes. Handwerker) gegen den dem Orden ganz ergebenen Bürgern. Gerhard von der Becke, besonders wegen Münzverschlechterung und feindliche Behandlung der Dominikaner; sein Haus geplündert und zerstört. Demokratische Regierung unter dem Brauherrn Lupi. Reaction. Strenge Untersuchung: 18 Empörer hingerichtet, 40 verbrannt. Der Vertriebene wieder eingesetzt, regierte bis zu seinem Tode 1433. Die Stadt (Handw.) zahlt 24,000 Mk. Strafe.

1417—19. Außerordentlich reiche Getreide-Ernte. — Der Werth der jährlich ein- und ausgegangenen Waaren läßt sich in dieser Zeit auf c. 740,000 Thlr. berechnen.

1419. Eine Handelsflotte von 40 Schiffen auf der Fahrt nach Rochelle wird von den Biscayern überfallen und beraubt. Vergeltung dafür.

1421. Im Ausgleiche zu Marienburg verzichtet die Hansa auf jede Rechnungslegung D. über den Pfundzoll.

1422. Der Hochm., nach manchem unfruchtbaren Streite, auch wegen des Pfundzolles, den er den Bürgern lassen muß, legt sein Amt nieder. Sein Nachfolger Paul Bellitzer von Rußdorf.

Eine Flotte von 70 großen Schiffen sammelt sich unter einem Danz. Rathmanne zur Durchfahrt durch den Sund.

1423. Harter Winter; die Ostsee gefroren, daß man auf ihr bis Lübeck zu Schlitten fuhr. — Deichstatut des Hochm. mit genauerer Bestimmung über Unterhaltung der Deiche und Gräben nach Huben und Ruthen. (Bestätigt 1454, 1552, 1585, 1676, 1731 2c.)

1425. Großer Speicherbrand nach Ostern; am Tage Petri und Pauli brennt die Petrikirche und fast die ganze Vorstadt ab, später die Drehergasse bis zum Krahn. Die Kirche sehr langsam wiedererbaut. Ablaß-

brief zu Gunsten des Fortbaues an der Marienkirche. — Klage über Verachtung des geistlichen Standes und ketzerische Reformbestrebungen. Als
ihr schlimmster Vertreter wird Dr. Andreas Pfaffenberg in Thorn bezeichnet,
ein Schüler des Hieronymus von Prag; derselbe kam auch (1415 oder 21)
nach D., disputirte hier mit dem Dominikaner aus Köln M. Peter Wich-
mann, und veranlaßte, nachdem ihn Papst Martin V. 1426 als „seinen
geliebten Sohn" in Schutz genommen, als Pfarrherr in Thorn die Vertreibung der Dom. als Unruhstifter aus jener Stadt. (1430.) — So ver-
spottete auch Andreas von Slommow, 40 Jahre lang Pfarrer von D., in
witzigen lateinischen Versen das üppige liederliche Leben der Mönche.

1426. Aeußerst harter Winter; man fuhr auf der See zu Wagen
und Schlitten bis Dänemark.

1427. Große Sundflotte in Danzig zusammengezogen, mit 6 Admi-
ralschiffen; ebenso 1429, 1432: 59 preuß. Schiffe unter 4 Admiralen. —
Ungewöhnlich milder Winter; um Weihnachten schlugen die Bäume aus. —
Furchtbare Ueberschwemmung der Weichsel bis an die Mauern der Stadt.
— Große Hitze. — Unendlicher Regen im Winter. Pest und in Folge
von Mangel an Feldarbeitern Hungersnoth. (40,000 Menschen in Stadt
und Land umgekommen.) — Papst Martin V. gestattet dem Rathe, sich im
Rathhause eine besondere Kapelle einzurichten.

1428—35. Krieg mit Dänemark, Verlust von Handelsschiffen.

1429. Der Hochm. bringt die Angelegenheiten der Städte vor die
Ständeversammlung und erreicht damit, daß jenen verboten wird, sich weiter
am dänischen Kriege zu betheiligen mit Ausnahme der Friedensverhandlungen, besonders wegen der Klagen der Prälaten auf dem Ständetage zu
Elbing, Ende 1429.

1430. Starker Eisgang und Ueberschwemmung. — Die Barbara-
Kapelle auf Langgarten erbaut. — Im Sommer kamen mit einem Male
40 Schiffe aus Lübeck an, und im August war die ganze Rhede mit goth-
ländischen, holländischen, seeländischen u. a. Schiffen bedeckt.

1431. Neuer Krieg zwischen Polen und dem Orden. — Das Franziskanerkloster (graue Mönche) und ihre Trinitatiskirche in der Vorstadt erbaut, angeblich durch freiwillige Thätigkeit der Bauhandwerker in Muße-
stunden. Vielleicht auch die St. Annen-Kapelle neben ihr.

1432 f. Die gesunkene Zahl der Stadtbürger hebt sich wieder zu
ungewohnter Höhe; 1433 werden 214, und 1434 gar 243 neue Bürger
aufgenommen. —

König Wladyslaw=Jagello hetzt die Hussiten gegen das Ordensland; eine Schaar von 5000 mit 15,000 Polen plündert Pomerellen, zerstört die Klöster Pelplin und Oliva, die Stadt Dirschau und die Vorstädte Danzigs. Einen Ausfall der Bürger gestattete der Komthur nicht, doch zeigten 8 tapfere, todesmuthige Danziger deren guten Willen und tödteten viele Hussiten auf dem Bischofsberge, bis sie erschlagen oder gefangen wurden. Am vierten Tage zogen Jene ab, zerstörten Oliva und das Blockhaus Weichselmünde und füllten vor dem Weggehn ihre Flaschen mit Wasser aus der Ostsee.

1433. Der Pfarrer von St. Katharinen zugleich päpstlicher Offizial.

1435. Der Jungstädtische Rath macht bei 2 Bürgern eine Anleihe zum Bau seines Rathhauses.

1436. Eine zahlreiche preußisch=liefländische Handelsflotte unter dem Danz. Rathmann Hinrich Buck geht nach der Bretagne. Sechsjähriger Handelsvertrag der preußisch=deutschen Städte mit Spanien. — In der Stadt „versuchsweise" 6 deutsche Schreibeschulen angelegt.

1437. Im Kirchensprengel der Rechtstadt (St. Marien) sammt den Vorstädten waren 30,000 erwachsene Christen, also mindestens 50,000 See=len überhaupt. — Weigerung vieler preußischen Städte, die Bundesbeiträge zu zahlen, wenngleich D. die Hälfte übernimmt und thatsächlich zahlt, ohne die Verpflichtung anzuerkennen. Es bekommt mehr und mehr die Leitung der gemeinsamen Angelegenheiten in die Hand. — Der rüstige und kluge Bürgermeister Heinrich Vorrath verhandelt 1434—37 in Brügge und Cöln unter schwierigen Umständen mit den Engländern, erhält 1437 große Ent=schädigung und einen sehr vortheilhaften Handelsvertrag. Neues Statut durch ihn und die Bürgermeister von Lübeck und Hamburg für das hansea=tische Contor in London.

1438. Mißhelligkeiten mit den Holländern, welche 23 preußische und liefländische Schiffe überfallen und in die Wielinge gebracht hatten. Re=pressalien führen zum Frieden zu Kopenhagen 1441, worin 7000 Pfund grot (vlämisch) für die Preußen und 2000 Pfund für die Liefländer als Schadenersatz bestimmt werden. Wegen nicht pünktlicher Zahlung der Holländer beginnen die preußischen Städte die Fehde wieder, doch ver=mittelt der Hochm. 1445 ungestörten Handel und 1448 günstige Bedingun=gen im Frieden zu Bremen. — Pest in D.

1439. Die Stadt klagt beim Baseler Concil mit Erfolg über die Anmaßungen des Bischofs.

König Erich, aus Dänemark vertrieben, setzt sich auf Gothland fest und hindert den Verkehr der Preußen mit Wisby durch lästige Abgabe, sowie durch besoldete Seeräuber. Er tritt sein Anrecht an Christian ab; dieser erobert gegen den Schwedenkönig Karl Knutson die Stadt Wisby 1449, deren Wohlstand und Bedeutsamkeit hierdurch ganz abnahm.

1440. Wegen vielfacher Willkür und Bedrückung, besonders Beeinträchtigung der Handelsinteressen von Seiten der Ordensgebietiger gegen die Unterthanen entsteht (schon 1439 im Keime) ein Bund der Städte und eines Theiles des Landadels, fest geschlossen zu Marienwerder, um die verbrieften Rechte Aller auch gegen die O. Regierung geltend zu machen. Kaiser Friedrich III. billigte anfangs den Bund. Großer Tumult im Hochschlosse zu Marienburg gegen den Hochm., der nach Danzig flieht. 17 Edelleute werden als Anhänger desselben in einer Nacht ermordet und ihre Höfe verbrannt. Auf dem Landtage zu Elbing verspricht der Hochm., auch durch inneren Zwist im O. bedroht, Abstellung der Uebelstände. Die süddeutschen O. Brüder wollen jenen Bund nicht zulassen. Der Hochm. legt sein Amt nieder.

1441. Der Hochm. Conrad von Erlichshausen fordert die Wiedereinführung des Pfundzolles, den Danzig nach hartem Widerstande 1443 bewilligt.

1442. Wahrscheinlich die Ostfaçade der Marienkirche beendigt.

1443. Reger Getreidehandel D. wegen Mißwachses in West=Europa. Sehr starker Schneefall am 1. Mai. — Große Feuersbrunst auf Langgarten.

1444. Der Krahn nach langem Streite mit dem Hochm. endlich wiedererbaut, durch erfolgreiche Bemühung des Bürgermeisters Lucas Meckelfeld. — Vergebliche Bemühung des Hochm., durch Drohung und Ueberredung den preußischen Bund zu sprengen. — Die Nordseite der Marienkirche begonnen.

1445. Die „Tempelburg" erhält vom O. ein Privilegium.

1446. Durchbruch der Weichsel und der Nogat. — Der Handelsverkehr Danzigs belief sich in diesem Jahre auf c. 3,847,000 Thlr. Der seit 1443 factisch eingetretene Friedenszustand mit Spanien wird definitiv abgeschlossen. — Die Aufrichtung des südlichen Giebels der Marienkirche begonnen.

1447. 70 holländische Schiffe flüchten sich in den D. Hafen und bitten um freies Geleit; sie wurden mit Beschlag belegt, entwichen jedoch in einer Nacht bei günstigem Winde. Klage des Hochm. bei Kaiser Frie=

rich III. Aechtung der Holländer. Sie ließen sich einen Zoll auf ihre Schiffe und Güter gefallen, — bis der Streit unter geänderten Verhältnissen zur Ruhe kam. — Mißwachs in Westpreußen. — Wölbung der St. Johannis=kirche, deren Glockenthurm der Orden eine Zeit lang hinderte.

1448. Landtag zu Elbing; der Hochm. tritt den Sendboten gegen=über als „Herr" auf.

1449. Der umsichtige Hochm. †, nachdem es ihm 10 Jahre unter schwierigen Verhältnissen gelang, Anhänglichkeit und Vertrauen zu erwecken. Sein Neffe und Nachfolger Ludwig von Erlichshausen tritt schroffer auf und verscherzt alle Anhänglichkeit. Handelssperre, gleichzeitig mit einer Seuche, die in D. allein c. 16,000 Menschen hinrafft. — Aus D. ziehn fast 2000 Menschen nach Rom zum Jubelfeste.

1450. Damals hatte die Altstadt an Thoren: das Holz= oder Ger=truden=Th., das Jakobsthor (etwas näher der Mottlau als jetzt), das Heil. Leichnam=Thor mit einer Bogenbrücke nach der gleichnamigen Kirche; Hauptstraßen: die Verlorne (Töpfer=) Gasse, die Schmiede=, die Pfeffergasse, die St. Georgen=, die Burg=, die Hagenbergische=, die Heil. Leichnamsgasse, der Faule Graben.

1453. Die preußischen Städte bitten den König Kasimir von Polen und den Herzog von Masovien um Unterstützung gegen den Orden. Sie zeigen anfangs 1454 den wendischen Städten und Andern an, daß sie sich für frei erklärt und Krieg gegen den D. begonnen haben. — Erste Accise in D. — Die große Glocke der Marienkirche gegossen (146 Ctr., der Klöppel 6 Ctr.), — 1454 aufgehängt. Der Rath der Rechtstadt bringt durch Wilh. Jordan am kaiserlichen Hofe auf Uebergabe der verhaßten Jungstadt.

4. Danzig unter polnischer Oberhoheit, bis zur Reformation.

1454. Danzig, das sich vom Orden losgesagt, huldigt dem Könige Kasimir von Polen, und erhält als Privilegium Casimirianum. Die Jungstadt mit dessen Einwilligung aus strategischen und mercantilen Gründen abgebrochen, die Bewohner nach Mattenbuden, Schäferei und Langgarten versetzt. Nur das Michaelskloster zu Aller-Engeln blieb stehn, die Karmeliterkirche wurde in die Altstadt verlegt. Kampf mit den Söldnern des Ordens auf den Trümmern der Jungstadt. Auch das Schloß übergiebt Komthur Pfersfelder, und bald wurde es zerstört. — Die „Zulage" von allen ein- und ausgehenden Waaren wird der Stadt durch kön. Privilegium bestätigt. — Die Birgittinerinnen erhalten vom Könige reichen Besitz in Schiblitz.

Beginn des 13jährigen Freiheitskrieges gegen den Orden, reich an Plünderungen und Greueln, nicht an bedeutenden Ereignissen.

1455. D. kommt dem verbündeten Kneiphof in Königsberg allein gegen den Orden zu Hülfe; seine Söldner erhalten dort endlich freien Abzug nach der Uebergabe. — Die Stadt an Stelle der bisherigen Kirchspiele in 6 Sprengel getheilt: St. Marien, St. Katharinen, St. Johannis, St. Bartholomäi, St. Petri und St. Barbara. — Der altstädtische Rath (bisher 1 Bürgermeister und 9 Rathsherren) geht auf in den der Rechtstadt. Das Wettgericht eingesetzt für gewerblich-polizeiliche Streitigkeiten.

1456. Ueberschwemmung durch den Eisgang. Das Karmeliter-(Weißmönchen-)Kloster sammt Kirche in der Altstadt erbaut. — Die kaiserl. Reichsacht über den preuß. Bund kümmert die Danziger wenig; Colberg und Rügenwalde, welche sich auf Grund derselben Gewalt gegen Danziger Schiffe erlauben, büßen es schwer. Die Danziger versanden das Tief zu Balga mehrmals, dringen in Haff und Pregel, zerstören Frauenburg und das Schloß zu Brandenburg und nehmen reiche Beute mit. —

Verlockungen von Seiten des Hochm. und seiner Gebietiger zum Verrathe zu ihrer Wiederaufnahme; Briefe an die Zünfte. Plan, die Ordens-Krieger durch den Radaunen-Canal in die Stadt zu lassen. — Der leßlauische Bischof Johann gestattet der St. Martini-Brüderschaft des Rathes, auch tragbare Altäre zu haben und selbst an gebannten Orten zu benutzen. — Die Johanniskirche als Pfarrkirche erwähnt.

1457. Danzig giebt dem Könige 34,000 ung. Gulden zum Ankaufe von Ordens-Schlössern aus den Händen unbezahlter D. Söldner; Unmuth über diese Abgabe, benutzt von dem reichen und ehrgeizigen Martin Kogge am Dominikaner-Kloster. Dort heimliche Versammlungen, Unterhandlungen mit Polen; Aufruhr. Dieser beruhigt, aber K. erneut ihn wortbrüchig; von seinen Anhängern verlassen, in Leba gefangen, in D. hingerichtet, wie schon vorher mehre seiner Unterhändler. — König Kasimir hält prächtigen Einzug in D., belohnt die Stadt mit dem zweiten Privilegium: Gerichtsbarkeit des Rathes über Seewesen und Schifffahrt; Krone ins Wap-

pen; Recht mit rothem Wachse zu siegeln; goldene Zierrat für den Bürger=
meister 2c. — Der vertriebene schwedische Prätendent Karl Knutson (vergl.
1439) kommt nach D., um die Hülfe Polens und der Hansestädte für sich
zu gewinnen. Dadurch Feindschaft mit seinem Gegner König Christian I.
von Dänemark. — Nächtlicher Kampf dreier Danziger Orlogschiffe bei
Bornholm gegen 16, die nach Liefland dem O. Hülfe bringen wollten; von
diesen wurde eins in den Grund gebohrt, der Admiral mit Andern gefangen,
die übrigen vertrieben. — Deßgl. gegen 14 lübische Schiffe mit Proviant
für den Orden: 8 nach Danzig aufgebracht, 6 versenkt.

1458. König Kasimir wieder in Danzig. — Ein schwedischer und
ein dänischer Seeräuber nahmen ein von D. segelndes Schiff, wurden von
nachgesandten Danziger Schiffen bei Bornholm erreicht und nach blutigem
Kampfe in den Hafen von D. gebracht; die Führer nebst 75 Mann Besatzung
auf dem Dominiksplan geköpft. — Die Ordenskrieger aus Prauft verjagt,
von den Langenauer Bauern beim Plündern überfallen.

1459. Sehr strenger Winter. — Christian von Dänemark verlangt
die Rückkehr der preuß. Städte zum O., weßhalb ihm Bürgermeister Nider=
hoff im Namen Danzigs den Krieg erklärt. Gleich darauf vierjähriger Waffen=
stillstand mit ihm in Lübeck, aber dennoch Feindseligkeiten, vergebliche Ver=
handlungen 1462. Barbarei der Ordenskrieger in Lauenburg, Putzig
und Prauft.

1460. Belagerung Marienburgs durch die Danziger. Ihr Bürger=
meister Heinrich Stargard auf der Reise nach Polen gefangen und gefoltert;
Streifereien der Ordens=Söldner bis an die Thore von D. Mißglückter Ver=
rath des Schuhmachers Günther. —

Um Ostern liefen 319 Schiffe ein, und 245 aus. D. entschie=
den das maßgebende Haupt der preuß. Seestädte. — Die Marien=
bibliothek (zuerst gegründet vom Pfarrherrn Andreas v. Slommow) erhält
durch Vermächtniß der Kath. Meydeborg wesentliche Vermehrung und
ihre Aufstellung in der Allerheiligen=Kapelle; auch gedruckte Bücher bald
nach 1470 angeschafft.

1461. Die „alde Stattuth der Teichgreber und Geschworenen"
(erneuert von König Sigismund zu Marienburg 1593).
Der erste Neugarten von den Ordens=Söldnern verbrannt.

1462. König Kasimir siegt in der blutigen Schlacht bei Schwetzin,
besonders durch die Tapferkeit der Danziger.

1463. Die Tobiasgasse brennt zu beiden Seiten ab. — Die Danziger ziehn mit 10 Kriegsschiffen gegen die Räuber auf der Weichsel (Mewe) aus; 44 Ordensschiffe eilen zum Entsatz herbei, werden aber geschlagen, bis ins Haff verfolgt und nebst 25 aus Elbing vernichtet.

Verschwörung des Gerichtschreibers Heilmann und dann des Seifensieders Koch zu Gunsten des O. Jener hingerichtet, deßgl. dieser mit 22 Verschwornen enthauptet. — Die schon 1358 vorhandene St. Johanniskirche 1463—65 gewölbt.

1464. Ein Danziger Schiff nimmt bei Memel 11 Schiffe, welche die Königsberger den O. und Elbingern auf dem Haff geraubt hatten. — Pest in der Stadt: über 20,000 Menschen hingerafft. — Hans Düringer aus Lübeck verfertigt die astronomische Uhr für die Marienkirche (für 300 Mk., freie Wohnung und jährlich 24 Mk. Pension auf Lebenszeit) 1464—70.

1465. Sehr große Ueberschwemmung beim Eisgange. Ungewöhnliches Gewitter. — Das Kloster der Karmeliter, angeblich 1422 in der Jungstadt gebaut, wird nach dem Willen der Rechtstädter 1464 in der Altstadt theilweise aufgebaut. Drei furchtbare, dem O. zugeschriebene Feuersbrünste in der Stadt. Der (frühere) Thurm des Rathhauses errichtet sammt einem Uhrwerke. — Verwüstung des Werders durch Ordens-Truppen. Diese verlieren dagegen Stargard und Konitz. Friedensverhandlungen zu Thorn und dann zu Kobbelgrube.

1466. Der Friede zu Thorn endigt den gräulichen Krieg; der O. trat an Polen ab: Kulm, Michelau, Pomerellen, Marienburg, Stuhm, Elbing, Christburg mit den zugehörigen Gebieten, auch die frische Nehrung größtentheils, 2c. Diese erhielt Danzig, und für die östliche dem O. verbleibende Spitze das Städtchen Hela; doch wurden die Ansprüche Elbings erst 1509 durch Vergleich beseitigt. Danzig hatte während des 13 jährigen Krieges fast 2000 Bürger und Bauern, sowie 14,800 Söldner verloren, und 700,000 Mk. Silber geopfert, abgesehn von den entsetzlichen Verheerungen und Schädigungen des Gebietes. — Durchbruch der Weichsel bei Czattkau, große Ueberschwemmung. Dennoch große Wohlfeilheit: der Scheffel Weizen galt 18 Groschen, Roggen 2, Hafer 1 Groschen, 1 Schock große Brassen 5 Schillinge, ein sehr großer Lachs 21, ein Schock Neunaugen 2 Schillinge.

1467. Revision der Statuten der Priesterbrüderschaft zu St. Marien.

1469. Karl Knutson, auf den schwedischen Thron zurückgekehrt, bedroht D. Handel, wenn er nicht das verpfändete Putzig oder dafür 15,000 Mk. bekäme; die Zwistigkeit durch seinen Tod 1470 beendigt.

1470. Ein Hospital in Hela erwähnt. — Die (erste) Barbarakirche erbaut (?). — Lindau, Danziger Stadtsekretär, verfaßt die Geschichte des 13jährigen Krieges.

1472—80. Der sog. Pfaffenkrieg zwischen den preußischen Ständen und Polen, wegen Ernennung des Bischofs von Ermeland. Nach langem höchst blutigen Streite mußte der Pole dem Preußen den Sitz lassen.

1473. Das Gemälde des „Jüngsten Gerichts" (aus der niederdeutschen Schule) von dem Danziger Seehelden Paul Benecke zur See erbeutet und nach D. gebracht; zunächst aufgestellt auf dem Georgen=Altar in der Pfarrkirche.

1474. Gnadenbrief des Gnesen'schen Erzbischofs Sbigneus (40 täg. Ablaß) zu Gunsten des Hochaltar=Baues in der Marienkirche.

1475. Die (ältere) Jakobskirche erbaut. — Streit zwischen England und den Ostseestädten; ein englisches Kriegsschiff, welches den Hafen von D. blokiren will, wird vom Danz. Schiffscapitän Paul Benecke genommen.

1476. Der Artus= (Junker=) Hof durch Feuer zerstört bis auf den Vordergiebel; beim Brande des kleinen Artushofes daneben, 4 Monate später, stürzte auch er ein und erschlug 16 Menschen. (Späte langsame Herstellung; einstweilen fand die Hofhaltung in der Langgasse gegenüber dem Rathhause statt.) Die 6 Bänke: Reinholds=, Christophs= oder lübeckische, Marienburgische, Drei=Könige= und Schifferbank. Die erste hatte im J. 1482 106 Mitglieder. — Durch päpstliche Bulle werden die angesehenen Familien Bischof, Angermünde, Hake, Buding, Winkeldorf in den Bann gethan, dieser jedoch durch den Besuch des Königs unwirksam gemacht.

1478. Die Halle („als Gemach") beim Schießgarten am Langgasser Thor auf Kosten Meinhards von Stein errichtet. — Das Sakrament=häuschen am Hauptaltar der Pfarrkirche verfertigt. — Das Hospital zum Heil. Leichnam zuerst erwähnt. —

1480. Erste Apotheke in D., auf öffentliche Kosten eingerichtet. — Um 1480 auf das Andringen König Kasimirs erbaut der Rath neben der Trinitatiskirche die St. Annen=Kapelle für den polnischen Gottesdienst.

1481 u. f. Der Artushof neu erbaut, und der große und kleine vereinigt. — Bild und Schnitzwerk in der Ferber'schen Kapelle angefertigt.

1482 u. 86. Entsetzliche zerstörende Gewitter. — Errichtung des gemauerten Thurms in Weichselmünde, dessen obere Laterne nunmehr als Leuchtthurm diente.

1483. Innerer Umbau und Ausräumung der alten Mauern in der vergrößerten Marienkirche.

1484 u. f. Ausbau der Nordseite derselben. — Joh. Ferber, Sohn des gleichnamigen Bürgermeisters, wird Pfarrherr von D., 1493 auch Dr. jur. und Domherr in Kulm, geht nach Rom, um gegen einen Rivalen Schutz zu suchen, und † dort 1494, angeblich an Gift.

1486. Der Rathhausthurm um 30 Fuß erhöht, deßgleichen 1488 ebenso viel, und wiederum 1489; im J. 1490 wurde das Sperrwerk des neuen Thurmes aufgebracht und 1492 derselbe mit Kupfer gedeckt und verzinnt.

1489—1507. Altar der Allerheiligen=Kapelle in der Pfarrkirche erbaut.

1492. König Kasimir †; ihm folgt sein Sohn Johann Albert bis 1501, dann Alexander bis 1506, beides schwache Fürsten.

1493. Eine Feuersbrunst zerstört die Lohmühle und die Beutelmühle.

1494. Wieder Feuersbrunst, von dem Fleischer Hans Brieger an= gelegt, zerstört den Aschhof, den Theerhof und 3 Speicher gegenüber dem Krahn, wobei 40 Menschen umkamen. Der Thäter, der vorher schon seinen Vater, seine Gattin und Andre umgebracht und auch als Aeltermann das Fleischergewerk bestohlen hatte, mußte vor der Strafe entfliehen und wollte sich durch die neue Schandthat für die verdiente Behandlung rächen; er wurde ergriffen und qualvoll hingerichtet. — Der kulmische Domherr Jo= hann Ferber aus D., lange in Rom für Kunst und Wissenschaft thätig, † daselbst. — Die große Glocke der Katharinenkirche gegossen. — Die Mauern und Thürme vom Jakobs= bis zum Heil. Leichnamsthore beendigt.

1495. Gregor Matern, von früher her (London und Bliessingen) mit dem Seeschiffer Harder in Streit, fällt ihn nahe beim Artushofe an, flieht nach Oliva, findet Schutz beim Hochmeister und beim Könige, wird geächtet, kehrt nach D. zurück, wird erbittert durch die allgemeine Verachtung. Er sammelt eine zahlreiche Bande von raublustigen Abenteurern, plündert um die Stadt, quält, verstümmelt und ermordet Reisende, die nicht hohes Löse= geld zahlen, namentlich Mitglieder des Rathes.

1496. Sehr strenger Winter. — Die Kapellen und die Mauern an der Südseite der Marienkirche niedergerissen und ein neues Fundament ge= legt. — Die Danziger wünschen zum Pfarrherrn ihren Landsmann Dr. Ber= nard Scultetus; dieser aber als reformatorisch durch bischöflichen Bann nach Lauenburg vertrieben. Nach dem Tode des vom Bischof eingesetzten Pfarrers Greve wünschte der Rath Jenen nochmals dringend zum Pfarrer zu er=

halten, setzte es auch 1497 beim Könige und durch ihn beim Bischofe durch, aber wegen der von der Geistlichkeit gegen ihn aufgeregten Volksstimmung entsagte Sc. freiwillig, blieb nur geistlicher Notar und wurde nachher Mönch. — Sein Verwandter Dr. Joh. Scultetus, zum Pfarrherrn erwählt (1497—1516), blieb in Rom, wo er Notar am päpstlichen Hofe war.

1497. Die Straßenketten zur Sperrung der Straßen angelegt. Furchtbarer Sturm am H. Drei-Königs-Tage; der Kirchthurm eines Dorfes sammt den Glocken weggeweht und zerschmettert. — Uebertriebener Luxus mit Kleidern, besonders mit langen spitzen Schnabelschuhen. — Das Block-haus in Weichselmünde durch Sturm zerstört, (dann 1517 zum vierten Male erbaut). — Gregor Matern ließ durch seine Raubgenossen zweimal auf Langgarten Feuer anlegen, wodurch Kirche und Hospital zu St. Barbara sammt vielen Häusern und den Röperbahnen zerstört wurden. Er nahm seinen Pathen Bürgermeister Buck u. A. bei Subkau gefangen; eine An-zahl D. Bürger eilte ihm nach, befreite Jene und nahm 7 seiner Gesellen fest, welche in Danzig hingerichtet wurden. Dann ließ er mehren Gefan-genen aus D. Hände und Füße abhauen, noch mehrmals auf Langgarten Feuer anlegen, und fand aus gleichem Hasse gegen die reiche und mächtige Stadt immer Zuflucht in Polen und Schlesien. Ein Preis von 1000 Mark für seine Tödtung und von 1500 Mark für seine Gefangennehmung wurde vergebens ausgesetzt. Erst nach 5 Jahren gelang es, seine Verhaftung und seine Hinrichtung in Crossen zu erlangen. — Einsturz am Bau der Pfarr-kirche, bald wieder hergestellt. — Herzog Bogislaw X. von Pommern macht eine Pilgerfahrt nach Jerusalem und besteht im mittelländischen Meere 2c. Aben-teuer. Viele junge Danziger aus den angesehnsten Familien: Reinhold Feldstete, Hans Stutte, namentlich Eberhard Ferber (Sohn des Bürgermeisters Jo-hann F.), welcher früher Page beim Herzoge von Mecklenburg gewesen war, dann 1486 in Flandern für die Hansa Kriegsdienste geleistet, sich im ritter-lichen Rennstechen in Lübeck hervorgethan und 1494 daheim die Würde eines Schöppen erlangt hatte.

1498. Auf Bitten des Rathes wird die Stadt durch eine päpstliche Bulle in Bezug auf die Liturgie vom Gehorsam gegen den Diöcesan-Bischof entbunden. — Das jetzige Gewölbe der Pfarrkirche begonnen. Bulle von Papst Alexander VI. gegen die Aenderung des Gottesdienstes in der Pfarrkirche.

1499. Brand der (älteren) Bartholomäuskirche. — Wieder großes Feuer auf Langgarten, durch Gregor Matern angelegt; die Barbara-Kirche verbrennt. — Geistlicher Prozeß beim Danziger Offizial zwischen den Fa-

milien Ferber und Süchten, veranlaßt durch die Doppelbewerbung um die
Hand der reichen Erbtochter Anna Pilemann. — 1501 starben die beiden
feindlichen Bürgermeister Johann Ferber und Heinrich von Süchten.

1500. Die beiden verbrannten Kirchen (zunächst in Fachwerk) wie=
der erbaut. — Zahlreiche Wallfahrt nach Rom zum Jubeljahre.

1501. König Johann Albert †, es folgt Alexander. — Die Zahl
der Oster=Communicanten in der Stadt soll damals 13,000 betragen haben.

1502. Das Gewölbe der Pfarrkirche geschlossen. — Georg Zimmer=
mann aus Danzig, Student auf der neugegründeten Universität Witten=
berg, der erste dort promovirte Magister.

1503. Die religiöse Schwärmerei der Kittelbrüder aus den Nieder=
landen findet in D. Anklang; 32 Menschen wollen zur Bekehrung der Tür=
ken nach dem Süden mitziehen, und finden unterwegs in Polen und Un=
garn ihren Tod. — Die Straßenseite der Trinitatiskirche stürzt ein mit
5 Pfeilern und einem großen Theile des Deckengewölbes und des Daches.

1504. Am Pfingstabend kam König Alexander mit der Königin He=
lena nach Danzig und hatte sein Logement auf dem Rathhause, die Köni=
gin aber beim Bürgermeister Zimmermann. Am Tage Trinitatis ward
ihm von der Bürgerschaft gehuldigt.

1505. Der Bruder und Genosse Gregor Matern's, Simon Matern,
tritt als dessen Rächer und Nachfolger auf, nachdem er aus dem Danziger
Gebiete mit Einziehung seines Vermögens verbannt war. Unter dem Bei=
stande des Herzogs von Pommern erlangte er bei den Unterhandlungen
zu Konitz zwischen den Abgeordneten Danzigs und des polnischen Königs
die Erlaubniß zur Rückkehr; aber seine vergebliche Bemühung, zu Einfluß
und Machtstellung zu gelangen, erbitterte ihn aufs Neue, so daß er der
Vaterstadt absagte, Plünderungen und Grausamkeiten mit seiner Bande ver=
übte. Aus Furcht und aus Rücksicht auf den Schutz des Hochm. und das
freie Geleit des Königs wollten ihn die Danziger schon straflos wieder auf=
nehmen, wenn er sich ruhig zu verhalten verspräche; aber dies erlaubte ihm
sein Stolz nicht. Beim Markgrafen von Brandenburg fand er kurze Zeit
Schutz, dann suchte er ihn beim Hochm. und beim Bischofe von Pomesa=
nien; sie verschafften ihm freies Geleit zur Untersuchung und Vermittlung
seiner Sache. Aber das Versprechen, sich ruhig zu verhalten, brach er
bald wieder und übte Grausamkeiten gegen Danziger aus. Er ließ die
Speicher in D. 1515 anzünden, und veranlaßte es, daß seine Beschützer
ihren Schutz aufsagten, der König ihn in die Reichsacht erklärte, und der

D. Rath auf seine Gefangennehmung oder seinen Kopf eine hohe Belohnung aussetzte. Einige seiner Gesellen, die man fing, wurden 1516 hingerichtet, und dann wurde er selbst zu Posen gefangen und von Danziger Soldaten abgeholt. Er wurde längere Zeit im Ankerschmiedethurm gefangen gehalten, wo er sein Bekenntniß schriftlich aufsetzen wollte, erhenkte sich aber, und die über ihn ausgesprochene Strafe des Rades und Galgens konnte nur an seinem Leichnam vollzogen werden (1516).

1505. Feuersbrunst, von Sim. Matern angelegt, zerstört die ganze Drehergasse (Trägergasse) und einen Theil der Johannisgasse.

1506. Deßgl. Feuersbrunst in der H. Geist-Gasse. — König Alexander †, es folgt sein Bruder Sigismund I. bis 1548, ein kluger, redlicher und kräftiger Herrscher, behindert durch die Willkürlichkeiten der polnischen Großen. Die preußischen Stände werden genöthigt, Abgesandte zum polnischen Reichstage nach Petrikau zu schicken, verweigern aber jedes Zusammenwirken mit den polnischen Landboten, um ihre Selbständigkeit zu bewahren.

1507. Der Brauer und Schiffer Ewert Moor ersteigt den Thurm des Rathhauses und setzt seinen Hut auf den Wetterhahn. — Gelinder Winter ohne Eis. — Moritz Ferber, nachdem er Anna Pilemann verloren gegeben und in den geistlichen Stand getreten ist, wird Domherr zu Frauenburg und zu Lübeck ꝛc. und versöhnt sich mit Reinhold Feldstete.

1509. Krieg zwischen Schweden und Dänemark, welches letztere den Danzigern die Neutralität und ungestörten Handel versagen will, während von der andern Seite Lübeck Danzigs Hülfe vergeblich verlangt, und Kaperei und Feindseligkeiten bis in den Hafen von D. übt. — Die große Orgel von Meister Blasius Lyman für 3800 Mark erbaut, 1510 die kleine über der Aller-Heiligen-Kapelle.

1510. Bedrohung der städtischen Privilegien durch einen geborenen Danziger, den königl. polnischen Secretär Joh. Flachsbinder, der in bisher unerhörter Weise an den König appellirte (1521 Entscheidung: die Appellation soll in bürgerlichen, aber nicht in peinlichen Prozessen gestattet sein).

1511. Der neue Hochaltar der Marienkirche für 13000 Mark begonnen und in 6 Jahren beendigt von Meister Michael.

1512. Ein Theil der Koggenbrücke stürzt ein, angeblich durch „böse Geister."

1513. Der Grund zu einer neuen Birgitten-Klosterkirche gelegt. Wenzel Grunau aus Thorn schreibt 1513—23 für die Pfarrkirche hier das große, prachtvolle Antiphonarium in 4 kolossalen Bänden auf Pergament. — Die Heil. Geistbrüder erscheinen in D. mit großem Aufsehen und vielem Unfug.

1514. Herstellung der Petri= und der Trinitatiskirche. — Pest.

1515. Speicherbrand dem Kittelhofe gegenüber („Brandgasse"), von Simon Matern angelegt. — Schlimmer Eisgang und Ueberschwemmung. — Wilde Volksscenen in der Pfarrkirche.

1516. Wiederholte Beschwerde über die „Baußenhansen", die Lein= weber und andere Handwerker, die sich in Schottland und Hoppenbruch auf dem Gebiete des cujavischen Bischofs unter seinem Schutze immer zahl= reicher niedergelassen. („Schadeland.") — Der Bischof in feierlicher Pro= zession in die Stadt eingeholt, ernennt einen neuen (polnischen) Offizial.

5. Danzig seit den Anfängen der Reformation bis zum Olivaer Frieden.

1517. Neues hölzernes Blockhaus an der Mündung der Weichsel erbaut. — Erste Anfänge der Reformation des Kirchenwesens, nach Luther's Vorgange veranlaßt durch den Professor Johannes aus Ingolstadt, Böschen= stein und seine Predigten auf dem Bischofsberge, Dr. Bernhard Schulz, (Scul= tetus, s. oben) als Franziskanermönch seit 1519 Dr. Alexander genannt, den Prediger Jakob Knade seit 1519, den Weltgeistlichen Jakob Hegge, genannt Finkenblock oder Winkelblock seit 1520, der am Hagelsberge predigte und schon 1522 vom Rathe eine der Kirchen verlangte. Nach Wittenberg ge= flohen, wurde er 1523 pomphaft in die Stadt geholt, predigte immer drei= ster, und Andere auch. Zerstörung von Bildern, wilde Scenen in den Kir= chen. Prediger Körlin vom Bischofe 1524 gefangen gesetzt; dieser muß ihn frei geben und vor der Wuth des Pöbels die Stadt verlassen. Gregor Matern II. als Anführer gefangen genommen, vom Rathe zum Tode ver= urtheilt. — Vermittelung durch einen vom Rathe ernannten Ausschuß von 12 achtbaren Männern. Den Mönchen das Predigen verboten, an jeder Hauptkirche ein lutherischer Prediger angestellt. — Langwieriger Streit der Familie Ferber mit den Familien Feldstete und Angermünde. Moritz Fer= ber wird Geistlicher und 1516—23 Pfarrherr von Danzig, bringt durch einen langen Prozeß am päpstlichen Hofe die Stadt in Bedrängniß, wird dann

1523 Bischof von Ermland. Sein Bruder Eberhard F., erster Bürgermei=
ster geworden, erbittert die Bürger durch Stolz und Despotismus, erregt da=
durch Tumult, schließt wegen seines Auszuges zum Dänenkriege zunächst
einen Vergleich und erhält Amnestie (1522).

1519. Erste dauernde Befestigung der Stadt mit Wällen und Block=
häusern bei drohendem Kriege. Großer Heil. Leichnams=Thurm (1636 ab=
gebrochen), Holz=Thurm am Holz=Thore und dem „Freiwasser" (Radaunen=
Canal in seinem früheren Laufe, an der Silberhütte, angefangen schon 1487);
die Thürme des Milchkannen=Thores; Blockhäuser hinter der Trinitatiskirche,
am neuen Thore und am Eintritte der Mottlau in die Stadt. Der Neu=
bau des dreimal zerstörten Blockhauses an der Weichselmündung beschleunigt.
— Neue Fehde zwischen Polen und dem Hochmeister Markgraf Albrecht von
Brandenburg, der dem Könige den Lehnseid verweigerte. Die Danziger
lieferten dem letzteren Geld und Truppen zu den Belagerungen von Pr.
Holland und Marienwerder, sperrten die beiden Tiefe bei Balga durch
versenkte Schiffe und Steine, deßgleichen die Einfahrt ins Haff bei Memel,
zündeten diese Stadt an, machten reiche Beute, kämpften mit den Königs=
bergern auf dem Haffe, trotzten den Drohungen König Christian's, nahmen
den von ihm verfolgten Sohn des schwedischen Reichskanzlers Sten Sture
gastfrei auf und verbrannten 1520 (bei Annäherung der Hülfstruppen für
den Orden unter dem Grafen von Eisenberg) sämmtliche Vorstädte, nebst
3 Hospitälern und großen Holzvorräthen an den Enden der Stadt. Die
Kanonade gegen die Stadt vom Bischofsberge wurde lebhaft erwiedert, und
durch die Annäherung eines polnischen Heeres beendigt; der Graf zog ab
nach Oliva, plünderte Putzig ꝛc. Dieser „Nußkrieg" wurde 1521 durch einen
Waffenstillstand und vollends 1525 durch den Frieden zu Krakau been=
digt, durch welchen Markgraf Albrecht, nach Niederlegung seiner Ordens=
würde auf Luther's Rath, vom Könige von Polen als weltlicher Herzog
in Preußen unter Beibehaltung des Lehnsverhältnisses anerkannt wurde.
— Die Priesterbrüderschaft der Verkündigung Mariä gestiftet.

1521. Die große Glocke auf den Petri=Thurm gebracht; Feuer auf
der Orgel und im Thurme, 4 Glocken stürzen herab. — Der Franziskaner
Dr. Alexander predigt mit größtem Beifall in der Trinitatiskirche gegen die
Mißbräuche der kathol. Kirche, und ebenso nach seiner Versetzung in der
Pfarrkirche. — Danzigs Handel leidet durch den Krieg mit Dänemark und
durch Kaiser Carl's Handelsverbot für seine Niederländer; es sendet gegen
ihn 1522 mit Genehmigung des neutralen Königs von Polen 11 Kriegs=
schiffe aus. Zur Vertreibung des blutgierigen Christian's schließen Danzig

und Lübeck einen Bund, und kämpfen tapfer gegen ihn und die von ihm aus=
geschickten Seeräuber.

1522. Wiederaufbau der Heil. Leichnams=Kirche. — Eberhard Fer=
ber, zurückgekehrt, fängt im Vertrauen auf die ihm ergebenen Matrosen
seiner heimgeführten Kriegsschiffe neuen Streit an, beleidigt den Rath, ent=
flieht vor dem allgemeinen Unwillen nach seiner Starostei Dirschau. Das
Volk fürchtete Ueberfall der Stadt, eilte zur Vertheidigung in Menge herbei,
zertrümmerte den Leichenstein seiner Familie; er wurde abgesetzt und sammt
jener verbannt. Er suchte nun am königlichen Hofe Beistand und gewann
die Prälaten, welche gegen die in D. aufkommende Reformation eiferten. —
Anstößiger Aufzug der Reinholdsbrüder zur Verspottung der Geistlichkeit.

1522. Feuersbrunst in der Tobiasgasse und am Fischmarkt; deßgl.
im Jahre 1527. — Um diese Zeit ließ Lucas Keding (Ketting) das große
Crucifix mit Maria und Johannes hoch oben vor dem Hochaltare der Ma=
rienkirche errichten. — Der unruhstiftende Prediger Kruse wird vom Rathe
gefangen gesetzt, um ihn der Wuth des erbitterten Volkes zu entziehen. —
Die Bürgerschaft besteht darauf, daß die Haus= und Rentensteuer zum dä=
nischen Kriege auch von den geistlichen Gütern in der Stadt mit getragen
werde.

1523. Die Flotte Danzig's 2c. greift Kopenhagen an und plündert
die Insel Amack. Christian's Tod beendigt den Krieg.

1523. Die Kirche zu Aller=Engeln wieder erbaut. Mandat König
Sigismunds zur Ausrottung der lutherischen Lehre.

1524. Der Bischof von Cujavien in Danzig (s. vorher), sperrt den
Kapellan Paulus von St. Johann in den Keller der Pfarrwohnung von
St. Marien, muß ihn aber wegen bedrohlicher Empörung des Pöbels her=
ausgeben und bei Nacht aus der Stadt entfliehen.

1525. Wilder Aufruhr. Dr. Alexander vom Pöbel wegen seiner
Mönchskutte insultirt. Lager des Pöbels in der Breitgasse, setzt sich mit den
Altstädtern und Vorstädtern trotz der Straßenketten in Verbindung, Drohun=
gen gegen den Rath; endlich im October von diesem der „Artikelsbrief"
gegeben: Erlaß mehrer Abgaben, Controle der städtischen Kassenverwaltung
durch 4 Bürger, freier Fisch= und Vogelfang, u. a. Erbitterung gegen die
Klöster, Vertreibung des größten Theiles des Rathes, demokratische Ver=
fassung, welche die neuen Rathsherren in der Pfarrkirche beschwören. Gal=
gen und Räder zum Schrecken vor dem Rathhause aufgestellt. Volksver=
sammlungen auf dem Hofe der großen Mühle. Die katholischen Gebräuche

abgeſtellt; Veſper, Metten und Meſſen in deutſcher Sprache. Statt des gewünſchten Dr. Bugenhagen ſendet Luther den Mag. Hänlein nach D. Unwille des Königs; eine nach Krakau geſendete Deputation gefangen geſetzt, der geſammte Rath wegen verweigerter Auslieferung der Haupträdelsführer vor das Petrikauer Tribunal gefordert. Vermittlung und Verrath (?) des Bür= germeiſters Phil. Biſchoff. Polniſche Truppen nur auf ſeine Beſchwichti= gung in die Stadt gelaſſen, der König von Marienwerder in dieſelbe ein= geladen. Er erſchien mit vielen Fürſten, Magnaten und zahlreichen Trup= pen. Verhaftung der meiſten Mitglieder des neuen Rathes und der luthe= riſchen Geiſtlichen. Furchtbares Strafgericht: 13 zur Enthauptung, andere zur Deportation verurtheilt. Der vertriebene Bürgermeiſter Eberhard Fer= ber wieder eingeſetzt und mit 12,000 Mark entſchädigt, legt aber ſeine Aemter nieder, wird zum Ritter und k. Rath erhoben. Huldigung; „Sta= tuten Sigismunds" (1526) in 35 Artikeln zur Herſtellung des katholiſchen Cultus; 100 Bürger=Repräſentanten aus den 4 Quartieren der Stadt; der Rath der Altſtadt hat bei den Verhandlungen des rechtſtädtiſchen nur eine Stimme; dieſer dagegen erhält eine von der Gemeinde unabhängigere Stellung und größeren Antheil an der kirchlichen Verwaltung nebſt größerer Verant= wortlichkeit. Das Pfahlgeld und die Jurisdiction über Hela der Stadt noch beſonders geſichert. Dieſe zahlt außer den Koſten des dreimonatlichen königs= lichen Aufenthaltes noch 4000 Mark pr. und tritt auf 10 Jahre die Malz= und Getreide=Acciſe ab. Vergebens fordert ſie die ihr zuſtehenden, vom Könige dem Herzoge von Pommern gegebenen Herrſchaften Lauenburg und Bütow, und da ihr der Ankauf des Fiſchamtes Putzig verweigert wird, kauft ſie die Scharpau zur Vergrößerung ihres Gebietes vom (ausgeſöhnten) erm= ländiſchen Biſchofe Moritz Ferber (geb. Danziger) für 15,000 Mark.

1526 u. 29. Ueberſchwemmung des Werders durch Weichſeldamm= Brüche. — 1526—46 Wirkſamkeit des Reformators Pancratius Klemm. — Ulrici, deutſcher Official in D. 1527—43 oder 45, früher Rector der Ma= rienſchule und dann Pfarrer in Trutenau, der Reformation zugeneigt. — Dr. Alexander, zurückgekehrt, beginnt wieder ſeine reformatoriſche Wirkſamkeit.

Pancratius Klemm, zuerſt Cantor, dann 1526—29 Prediger an der Johanniskirche, 1529 an der Marienkirche, 1536 Paſtor an derſelben, legt ſeine Kutte ab 1537.

1528. Viel Luxus. (Ein Feldſtete ſchickt dem Bräutigam ſeiner Tochter, dem Sohne eines Stettiner Bürgermeiſters, 60 in Scharlach ge= kleidete Vorreiter auf ſchönen Pferden entgegen, u. dgl. m.

1529. Der epidemische „englische Schweiß" rafft 3000 (oder nach Andern gar 6000) Menschen in D. hin.

1531. Ein Blitzstrahl beschädigt den Pfarrthurm (wenig).

1533. Ungeheure Getreide-Abkunft aus Polen; Klöster als Speicher benutzt; die Last zu 6 Gulden.

1535. Wasserröhren aus der Radaune in die Stadt. Von nun an eifriger Bau an den Festungswerken, besonders in den Jahren 1554—1564.

1536. Großer Speicherbrand; 330—340 Speicher zerstört. Der Dominikaner-Mönch Pancratius Klemm predigt eifrig für die Kirchenver-besserung, wird vom Rathe an die Pfarrkirche berufen und legt seine Kutte ab. Gründung des evangelischen Pfarramtes, 1544 vom Könige und vom Bischofe bestätigt.

1537. Der Bischof von Cujavien, sammt denen von Kulm und von Plozk in Danzig, fordert den Pancratius vor, entläßt ihn aber ungeschädigt aus seiner Absteige-Wohnung am Langen Markte. Pancr. schafft die Bil-derverehrung ab, reist zu Luther 1539, findet nach seiner Rückkehr ein altes Marienbild in der Pfarrkirche von den Mönchen aufgerichtet und läßt es wieder entfernen. — Johannes Dantiscus, Bischof von Ermland geworden, entsagt seiner Pfarre zu St. Marien. Ihm folgt der Official Ulrici.

1538. Die Pest (der „englische Schweiß") rafft 6000 Menschen hin. In der Weichsel so wenig Wasser, daß sie fast unbefahrbar war. — Allge-meine Sehnsucht nach religiösem Frieden.

1539. Wohlfeilheit, der Scheffel Korn 9 Groschen. — Zur Wahrung der städtischen Rechte wird ein Syndikus eingesetzt, zuerst Dr. Hase (Lagus), Freund Melanchthon's und juristisches Orakel der ganzen Provinz; durch ihn 1540 eine Revision des „kulmischen Rechtes" unternommen, die sein Nach-folger, Dr. Kleefelt, (später Bürgermeister, † 1576) beendigte. — Erste öffentliche Buchdruckerei durch Franz Rohde aus Flandern.

1540. Durch den Eisgang der Weichsel 17 Dörfer überschwemmt; die Mottlau setzt ganz Langgarten und die Speicherinsel unter Wasser.

1540. Stiftung (bessere Einrichtung) des Pockenhauses, des nachheri-gen Stadtlazareths. — Das Hospital zu St. Elisabeth von dem Kinder-hause getrennt.

1542. Beim Eisgange Ueberschwemmung des Werders. Dann im Juli ungewöhnlich starkes Johanniswasser. — Der milde Official Ulrici †. Sein Nachfolger der zelotische Bischof Nicol. Dziergowski.

1543. Feuer im Thurm der Johanniskirche.

1544. Der Bischof mit andern in D., citirt den Pancratius vor sich, (eig. vor „seinen obersten Pfaffen"), entläßt ihn aber beim Zusammenlaufe der Bewohner auf dem Langen Markte ungefährdet. (Rechtliche Begründung des evangelischen Predigtamtes in D.) vgl. 1537.

1545. Eine große Feuersbrunst auf Langgarten zerstört die Kirche, das Hospital, die Röperbahnen und Mattenbuden.

1546. Seltene Volksbelustigung durch einen venetianischen „Leinenflieger", der an einem Seile glücklich vom Thurme des Rathhauses auf den Markt flog. — Pancratius Klemm †, wird mit großer Feierlichkeit unter der Kanzel der Marienkirche begraben.

1547. Eifrige Fürsorge des Rathes für die Schulen. Das Waisenhaus durch Feuer zerstört; der reiche Rathherr Connert (Besitzer von Conradshammer 2c.) stellt es sogleich wieder her, und König Sigismund ertheilt in einem Privilegium 1551 allen aufgenommenen Kindern die Rechte von ehelichen. — Verbesserungen der Festungswerke am Heil. Leichnams= und Jakobs=Thore.

1548. König Sigismund I. †. Ihm folgt sein Sohn Sigismund II. August, ein still=beharrlicher, landesväterlich gesinnter Fürst, der leider schon früher den polnischen Großen hatte versprechen müssen, die Preußen zur gänzlichen Vereinigung mit dem polnischen Reichskörper zu zwingen. Danzig zieht seinen Unwillen auf sich, indem es mit der Huldigung zögert. — Allgemeine Beisteuer in D. zur Schüttung des Walles am Jakobsthore. — Johann Flachsbinder (Dantiscus, siehe 1537), der unversöhnliche Feind seiner Vaterstadt D., † als Bischof von Ermland.

1549. Stan. Hosius (obwohl nicht Preuße) wird Bischof von Kulm und 1551 von Ermland. — Am „englischen Schweiße" sterben 20,000 Menschen in D. — Der Prediger Bilovius stellt im Aller=Engel=Hospital und im Pockenhause die Vigilien und Todtenmessen ab, und theilt das Abendmahl unter beiderlei Gestalt an die Kranken aus. — Das Elis. Hospital verkauft das Gut Hochzeit. (Mutterstrenz.)

1551. Ordnung der Hausarmen, bei Gelegenheit der Herstellung des Waisenhauses. Einrichtung des Spend= oder Schal=Amtes, um in Schalen aus den einzelnen Häusern Armenbeiträge zu sammeln. — Die Raths=Apotheke brennt ab. — In jedem Sprengel giebt es außer einer lateinischen Schule auch eine deutsche für arme Schüler.

1552. Kein Eis; Pflügen im Januar. — Der jetzige Giebel des Artushofes erbaut. — Eine rechtstädtische Schießstange am Hagelsberge eingerichtet. — Der König zieht in D. ein, nicht ohne unangenehme Zufälle; die Bürgerschaft überreicht ihm ihre Klagen und Wünsche in 49 Artikeln. Huldigung, Geburtstagsfeier mit Turnier, Ringen, Klopffechten ꝛc. Abreise nach 8 Wochen; die Wünsche möglichst berücksichtigt, nur in Religionssachen will er es „bei den Anordnungen seines Vaters lassen“, trotz der Aufreizungen von Seiten einiger Magnaten und Prälaten.

1553. Mattenbuden und einige Röperbahnen brennen ab.

1554. Sehr strenger Winter. — Aufbau des in Antwerpen für 10,000 Mark gefertigten messingnen Gitters der Taufkapelle in der Pfarrkirche, beendigt 57. (Die durchbrochene Kuppel dazu mit dem Schiffe untergegangen?)

1555. (Augsburger Religionsfriede). Die öffentliche Prozession am Frohnleichnamstage zum ersten Male unterlassen. Der König ignorirt es bei seiner Anwesenheit in D., ebenso Bischof Drojowski. Die fast ausgestorbenen unpopulären Franziskaner-Mönche übergeben gegen Lebensrente ihr Kloster nebst Trinitatiskirche dem Rathe, um darin ein Gymnasium einzurichten. — Feuersbrunst in der Schmiedegasse. — Die 3 großen westpreußischen Städte D., Thorn, Elbing verbinden sich zu gegenseitiger Hülfeleistung.

1556 f. Im Vertrauen auf des Königs vorausgesetzte tolerante Gesinnung beginnt lutherische Predigt und Communion zwanglos öffentlich zu werden. Der Wein dabei zunächst an die Geistlichen, dann Ostern 1557 auch an die Gemeinde ausgetheilt in der abgelegenen Jakobskirche, bald auch zu St. Barbara und St. Elisabeth und in allen außer den Klosterkirchen. Der Bischof Uchanski (bis 1565) sehr milde gegen die Evangelischen. (In der Marienkirche bleibt der Hochaltar den Katholiken noch bis 1572.) — Feuer im Rathhause, zerstört den Thurm bis auf das Gewölbe „der große Christoph.“

1557. Theurung; der Rath ordnet an, daß die Getreidehändler von 100 Last Roggen 2, und von 100 Last Weizen 1 für die Armen hergeben. Der Scheffel Roggen kostete 20 Gr. (1533 nur 3 Gr., 1547 nur 4 Gr.)

1558. Am Osterfeste Spendung von Brot und Wein beim Abendmahl in allen städtischen Kirchen außer den Klöstern. In dem der Franziskaner das Gymnasium unter dem Rector M. Johann Hoppe feierlich eröffnet. — Beginn der Streitigkeiten der Lutheraner gegen die Calvinisten (Reformirten) und Krypto-Calvinisten.

1559. Die Mauern längs dem Vorstädtischen Graben, vom Karren=
thore bis zum Ankerschmiedethurm von Grund aus neu gebaut und mit
Schießscharten versehen. — Der Thurm des Rathhauses hergestellt (in seiner
jetzigen Gestalt), und 1560 die Glocken zur Uhr hinaufgebracht. — Der
oliva'sche Abt Lambert Schlief, ein Wohlthäter der Armen in eminenter
Weise, †.

1560. In dem Kriege Polens gegen Schweden und Rußland hatten
einige Danziger Schiffe dänische beraubt. König Friedrich II. sperrte beß=
halb den Danzigern den Sund bis 73, zum großen Schaden des Handels.
— Entstehung der niederländischen Reformirten=Gemeinde in D. durch
Flüchtlinge aus den Niederlanden.

1561. Der Rathsthurm erhält Uhr und Glockenspiel, und seine
Spitze die vergoldete geharnischte und gekrönte Figur des Königs, mit
flatternder Feldbinde, Fahne und Schiff darüber. — Pastor Ruber an der
Marienkirche; Beginn des Streites über die Verehrung der Reliquien und
dann über die vom Rathe abgefaßte Notel, (Glaubensbekenntniß sämmt=
licher ev. Geistlichen, besonders in Betreff des Abendmahls), publicirt Mitte
1562, auch Formula Concordiae genannt.

1563. Der gewölbte Durchgang des Hohen Thores erbaut. — Die
Riedewand bis 1567 gemauert. — Das Karrenthor ganz verschüttet. —
Große Menge Schiffe, so daß viele in der Weichsel an der ehemal. Jung=
stadt anlegen und von dort aus zu Achse ihre Waaren nach der Stadt
schaffen mußten. — 1533 und 66 konnten die Speicher nicht alles Getreide
fassen, sondern Bürgerhäuser und Klöster mußten aushelfen. — Der aben=
teuerliche Herzog Erich von Braunschweig rückt mit einer Horde von
14,000 Mann von Lauenburg heran, angeblich Polen zu Hülfe, verlangt
von Danzig Lebensmittel und Geld, oder wenigstens 30,000 Thlr. Vor=
schuß; verheerte wegen abschlägiger Antwort Langfuhr und Strieß, Praust
und das Werder, auch als er nach Erlangung eines „Darlehens" von
12,000 Thlrn. endlich abzog. Sein Schwager, der Herzog von Pomerellen,
den der König ihm entgegenstellte, that nichts, daher der „Nußkrieg" so be=
nannt ist, weil man sich nur mit Nüssen warf. — Beginn ärgerlicher und
aufreizender theologischer Streitigkeiten.

1564. (Die Jesuiten gründen zu Braunsberg ihr erstes Collegium
in Preußen, mit 20 Lehrenden, 24 Seminaristen und 5 Schulklassen). —
Pest, 24,000 Menschen hingerafft. Der Rath will das fast ausgestorbene
Dominikanerkloster aufheben und dem Bischofe seine Besitzungen vor der
Stadt abkaufen; Beides wird durch Cardinal=Bischof Hosius verhindert.

1565. Schlimmer Eisgang in der Weichsel, Ueberschwemmung. — Der Bürgermeister George Kleefelt in Warschau eifrig thätig für D., namentlich für vollständige Befreiung der Marienkirche vom katholischen Ritus.

1566. Ungeheure Getreide-Zufuhr aus Polen; die Last Korn 25 Gulden. (vgl. 1557.) — Dr. Kittel Pastor an der Marienkirche, vermittelt in dem Streite über die Notel, sucht die Geistlichkeit von der Autorität des Rathes frei zu machen; so bei Gelegenheit des Streites über den Exorcismus (Teufelsaustreibung) bei Taufen 1570 f. bis 75.

1567. Die Stände Preußens protestiren gegen die Absicht des Königs, den leßlauischen Weichselzoll nach Graudenz zu verlegen. Der König ist eifrig bemüht, Jene zur völligen Vereinigung mit dem polnischen Reichstage zu bewegen. Bürgermeister Joh. Kleefelt widerspricht solcher Forderung der Commission in Elbing 1568 energisch, wird fast des Hochverrathes angeklagt; doch die Pfarrkirche wird dem Bischofe zum Messelesen verweigert und der Commission die Stadtthore gesperrt. Dennoch mußte D. auf dem Reichstage zu Lublin 1569 wenigstens äußerlich sich den Landboten anschließen. Große Aufregung, Deputationen, neue Commission 1571; die ganze Sache wieder vertagt durch den Tod des Königs. Die Stadt hatte sich verstanden zu einem Geschenke von 100,000 Gulden und Erhöhung des Pfahlgeldes, wovon der König die Hälfte bekommen sollte.

1569. Dem Bischofe und einer Commission wegen Einführung der Jesuiten verweigert die aufgeregte Bürgerschaft und der Rath den Einzug in die Stadt.

1569. Der gewesene Schöppe Gregor Jäschke (Geschke) läßt sich am Johannisberge nieder. („Jäschkenthal".) —

1570 f. Zahlreiche Einwanderung von Niederländern, Schotten, Spaniern, Italienern wegen Religionsverfolgung.

1570. Erneutes Privilegium für die Hospitäler zu St. Elisabeth und zum heil. Geist. — Exorcismus-Streit. (s. vorher.)

1571. Weichsel-Durchbruch beim Eisgange. — Große Feuersbrunst an der Katharinen-Kirche; c. 400 Häuser, die Schneidemühle und die Fleischerställe abgebrannt. — Bastion an der Ziegelscheune nahe der Sandgrube, gegenüber dem gewesenen Karrenthore, erbaut. Das Bett der Radaune verlegt auf die Ziegelscheune hin. (Gegen die von den Karthäusern beabsichtigte Wegleitung von der Stadt schützte diese ein Privilegium Königs Sig. August von 1567). Die von Heinrich von Eidson (unter Kopernikus

Leitung?) seitdem bis 1603 neu erbaute „Kunst" hebt das Wasser und leitet es in 564 Röhren der Stadt, das übrige geht über die Niedewand zur Altstadt in viele Canäle.

1572. Sigismund August als letzter Jagellone †. Polen ein Wahl= reich. Gewählt wird Prinz Heinrich von Anjou, Bruder des Königs Karl IX. von Frankreich; auf die Nachricht von dessen Tode ohne Nachkommen ent= weicht H. plötzlich nach 4 Monaten von Krakau nach Paris, um als Hein= rich III. König von Frankreich zu werden. — Katharinenschule gegründet. — König Heinrich sicherte Religionsfreiheit zu. Im Nov. erste evangelische Austheilung des Abendmahls auch vor dem Haupt=Altare der Marienkirche.

1573 †. Die kleine Rathstube im Rathhause eingerichtet. — Zur Vertheidigung des Hafens der Thurm und Kranz von Weichselmünde verstärkt durch die Schottenschanze und den Pfahlhof (Erdwerke von gerin= gem Umfange) und zwei Blockhäuser, Alles umschlossen von einem viereki= gen Erdwalle. — Strenges Gesetz des D. Rathes gegen den Aufenthalt der Fremden in der Stadt „mit eignem Rauch"; bald gemildert wegen des freundschaftlichen Verhältnisses mit den Niederländern.

1574. Der innere Theil des Hohen Thores angefangen.

1575. Streit des Fleischergewerks mit dem Rathe, weil sie sich der Verordnung wegen pfundweisen Verkaufes nicht fügen wollen. Der Rath ließ für eigne Rechnung schlachten, verbot ihnen jeden Verkauf, und hielt das ganze Gewerk über ein Jahr lang gefangen. (80 Mann.) Der Krieg brachte ihnen die Freiheit. —

Durch ein Decret des größeren Theils calvinistischen Rathes wird die „Philippische Lehrart" Melanchthon's in Betreff des Abendmahls vom Rathe zum kirchlichen Gesetz erhoben.

Brand in den Gebäuden der Schießstange am Hagelsberge. — Schidlitz wieder erbaut. — Die Schlaguhr der Katharinenkirche fertig.

1576. Die Johannisschule neu eingerichtet, mit neuem Local; deßgl. 1581 die Marienschule. — Der Bau des Hohen Thores begonnen. — Be= festigung an der Mottlau, hölzerne Bastion am Milchkannenthor und mehre Blockhäuser jenseit der Speicher, eins mit Zugbrücke auf der Schäferei, gegenüber dem Krahnthore. — Fürst Stephan Bathory von Siebenbürgen zum Könige von Polen gewählt, heirathet des verstorbenen Königs Schwe= ster, wird dennoch von Danzig nicht anerkannt, obwohl er die Privilegien der Stadt bestätigen will, „soweit sie nicht der Krone Polen=Litthauen entgegen wären." Auf die Weigerung, Gesandte nach Marienburg zu schicken, er=

3*

folgte die Acht und bald die Besetzung des Werders mit vielen Plünderun=
gen. Die Vorstadt Schottland und den Ersten Neugarten brannten die
Städter zu größerer Sicherheit der Stadt nieder. Die Bürgermeister
Constantin Ferber und George Rosenberg erschienen mit freiem Geleite auf
dem Thorner Reichstage: D. sollte für Bestätigung seiner Privilegien in
4 Jahren 100,000 poln. Gulden zahlen. Auf die dreiste Entgegnung wur=
den die Abgesandten verhaftet und die Acht wiederholt; auch suchte der Kö=
nig den Handel D. zu schädigen. Nun begann der Krieg. Die Danziger
verbrannten 1577 das Kloster Oliva sammt den Mühlen, erlitten aber bei
Schönwarling eine Niederlage. Der König beschoß die Stadt 4 Tage lang
vom Bischofsberge aus mit großen Steinkugeln ohne Erfolg, dann wandte
er sich gegen Weichselmünde, verbrannte zwar das Blockhaus, richtete aber
mit zweimaligem Stürmen nichts aus. Als auch die dort von ihm geschla=
gene Schiffbrücke durch Danziger Schiffe zerstört war, verbrannte er sein
Lager, und zog ab, indem er unterwegs Müggau, Schüddelkau, Pietzken=
dorf, Kowall, Guteherberge, Praust 2c. verheerte. Der Friede kam endlich
12. Sept. 1577 zu Stande: Die Stadt erkannte den König als solchen an,
erhielt Bestätigung der Privilegien nebst freier Uebung der augsburgischen
Confession, und zahlte als Kriegscontribution 200,000 polnische Gulden
nebst 20,000 Gulden zur Herstellung Oliva's. — Danziger und dänische
Schiffe, zusammen 18, brandschatzten während des Krieges Frauenburg
und Braunsberg, nahmen in Elbing 37 Schiffe weg, steckten dort die
Speicher sammt der Vorstadt in Brand und kehrten glücklich heim.

1577. Unheilvoller Eisgang in der Weichsel. — Erschöpfung vom
Kriege: Große Kosten, Handelssperre, mehre neue Steuern, viel Kirchen=
silber zu Nothgroschen geprägt. Aber die Pflicht das Pfahlgeld zu theilen
machte gleichwohl die D. nicht geneigt den Frieden zu halten. Mißvergnü=
gen, namentlich wegen der „Zulage" zu den Abgaben.

1578. Strenger Winter, die See weithin bis Hela gefroren.

1579. Die Einkünfte aller Stiftungen für Altar= und Meßdienst
werden durch Rathsbeschluß dem Gymnasium überwiesen.

1580. Die große Glocke auf den Thurm der Petri=Kirche gebracht.
— Ordentliche Einrichtung der Kirchenschulen. Die Anstalt im Franziskaner=
kloster durch den Brgm. Const. Ferber und die Rathsherren Dan. Cziren=
berg und Alb. Giese zu einem akademischen Gymnasium erweitert. — Große
Stadtbibliothek daselbst, bald sehr vermehrt durch die Schenkung des hierher
geflüchteten protestantischen Marchese Doria aus Neapel, 1592. — Die
Aller=Engel=Kirche wieder aufgebaut.

1581. Heftiger theologischer Streit zwischen Kittel und Prätorius über die Lehre vom Abendmahl; Auflösung des D. „geistlichen Ministeriums." — Nachdem der sogen. Mägdbegraben seinen Zweck, das Weichselwasser mehr von Danzig weg und der Nogat nach Marienburg und Elbing hin zuzuführen, nur allzu gut erfüllt und für beide Theile viel Unheil herbeigeführt hatte, drang der Rath von D. ernstlich auf die endlich beschlossene Zuschüttung desselben; erst nach 3 Jahren wurde eine Commission dafür eingesetzt, und diese bestimmte: der Graben solle bleiben, aber auf seine ursprüngliche Breite zurückgeführt werden; durch ein „Haupt" (Bollwerk) an der Theilung des Stromes, zu dessen Kosten Elbing die Hälfte beizutragen habe, sollen die Danziger ihrer Stadt wieder die größere Wassermenge zuführen dürfen. Bei der fortwährenden Verschleppung der Sache in mehrseitigen Intriguen sahen sich die D. genöthigt, das „Danziger Haupt" auf ihre Kosten zu bauen und zu befestigen. — Neues Gebäude der Marienschule. — Der neue Bischof Rozbraczewski und der (polnische) Official Milonius eifern gegen die Lutheraner, begünstigen aber die Calvinisten und Wiedertäufer vor dem Thore in Altschottland. König Stephan verheißt Vermittlung, stirbt aber inzwischen.

1582. Einführung des gregorianischen Kalenders auch in D. — Das Heil. Leichnams-Hospital wieder erbaut.

1584. Das „Haus" Weichselmünde (Fort Carré) bis 1587 erbaut.

1585. Neuer Vertrag über das Pfahlgeld zu Grodno vom Könige Stephan Bathory unterzeichnet. — Brand der Birgittenkirche; diese hergestellt 1602—4. — Dr. Fabricius macht das hergestellte Gymnasium zu einem Hauptsitze des Calvinismus, unter heftigem Widerstande des Pastors Kittel.

1586. Die beiden Prediger Kittel und Prätorius werden wegen ihrer Zänkereien vom Rathe suspendirt; ein andrer, Friccius, 1587 verbannt, und das Haus seines Gegners Keckermann vom Pöbel bestürmt. Unanständige Pasquille („die Decretsfibel mit Schafs- und Wolffaiten" ꝛc.) Die Jesuiten (in Danzig trotz aller Bemühung auf das entschiedenste zurückgewiesen) gründen in Alt-Schottland ein Collegium. — Bathory †. Zum Nachfolger wird erwählt Sigismund III. Wasa, (Sohn des Königs Johann von Schweden), der sich 45 Jahre lang als stolz, geizig, bigott und unheilvoll für seine Unterthanen zeigte. Er landete 1587 bei Danzig, beschwor die Wahlcapitulation in Oliva, da man ihm die Pfarrkirche in D. nicht dazu einräumte, hielt sich 12 Tage in der Stadt auf, nahm ihre Huldigung an und ging mit Geschenken und Vorschüssen nach Warschau, welches fortan statt Krakau Residenz wurde. Bei der Krönung 1588 beschwor er die Zusagen König Stephan's über die Privilegien von D. einschließlich der freien Uebung der Augsburgischen Confession.

1587. Die preußischen Stände schließen sich dem 1573 von König Heinrich bestätigten Religionsfrieden an. „Declaration" des Rathes zur Vereinigung der zänkischen Geistlichen, erreicht den Zweck nicht sobald.

1588. Die äußere prächtige Façade des Hohen Thores erbaut, nebst Zugbrücken und Fallgitter. — Der starrsinnige Bürgermeister Const. Ferber und der streitsüchtige Pfarrer Prätorius ††. — Blüthe des Calvinismus, besonders unter den Mitgliedern des Rathes; dennoch viel Ueberbleibsel des Katholicismus in der Feier der Festtage, in Ausputz der Altäre, lateinischen Gesängen ꝛc.

1589. Beginn der Religionsstreitigkeiten zwischen Lutheranern und Calvinisten in D.

1592. Ordnung der Marienschule. — Die zinnerne Schenke im Artushof auf Kosten des Bürgers Heinrich Meidt gemacht, und 1593 das Pfeiferchor auf Kosten des Edelmannes Hans Lewe. — Des Professors Schütz in Königsberg preußische Geschichte giebt derselbe, bis 1525 fortgesetzt, als Sekretär in D. heraus. († 1594); sein Freund Stenzel Bornbach († 1597) außer vielen Schriften die „Historie vom Aufruhr zu Danzig 1522—26." Durch k. Decret das Birgittenkloster der Aufsicht des Rathes entzogen und der des Bischofs überwiesen, erhält das Dorf Gemlitz.

1593. Wasserleitung aus Tempelburg (Renkauer See) erhält eine andere Richtung durch Schidlitz und Neugarten. — Sigismund III. nach Danzig und von hier nach Schweden, um dessen Thron in Besitz zu nehmen. Blutige Scenen in D. zwischen den Polen und der Bevölkerung, Untersuchung; erst 1598 erklärte ein königliches Decret die D. für unschuldig daran. — Erneuerung des alten Deichgeschwornen-Statutes (v. 1461) durch König Sigismund III. zu Marienburg. — Günstige Handelstractate mit Toskana, dem Kirchenstaate (1593) und Venedig (1597), auch Verbot des Papstes, die nordischen Handelsleute in seinen Staaten unter dem Vorwande der Religion irgendwie zu belästigen.

1594. Der König auf der Rückreise aus Schweden wieder in D., sehr gnädig und freundlich, verlangt aber, vom cujavischen Bischofe Rozbraczewski angetrieben, die Herausgabe der Pfarrkirche; wegen der Weigerung wurde die Stadt 1595 zu einer Buße von 100,000 Gulden verurtheilt, die aber nicht eingefordert wurde. — Ausschmückung des Rathhauses im Innern 1593—96 mit Steinhauer-Arbeiten von Wilh. Barth und Male= reien von Hans Bredeman de Vries (Jan de Frese), besonders in der rothen Sommer=Rathsstube; der Thurm reparirt und die Figur oben vom Goldschmied Heinr. Kesseler neu vergoldet, das Glockenspiel in Ordnung gebracht. — Evangelische Synode in Thorn, vom ev. Adel geladen, bleibt ohne Resultat.

1596. Verbesserte Boten=Ordnung des D. Rathes. Wiederholte Verhandlungen des Rathes mit dem Bischof, dessen Beistand aber auch Lutheraner gegen die Calvinisten suchen! Fortgesetzter Streit 1598 beson= ders über das den Birgittinerinnen zugesprochene Schidlitz, das nach dem Privileg. Casimirianum der Stadt gehörte. Der Bischof † in Rom An= fangs 1600 an der Pest. — Const. Ferber, Sohn des gleichnam. Bürger= meisters, legt seine Stelle im Rathe nieder.

1598. Neue Schlickgeschwornen=Ordnung für das Werder. — Die Westpreußische Ritterschaft nimmt ein „neues abliges Landrecht" an und sagt sich von den Städten los.

1599. Der Reichstag zu Stockholm kündigt dem bigott=katholischen Könige Sigismund den Gehorsam auf, und wählt seinen Oheim, Herzog Karl von Södermannland, erst zum Reichsverweser, dann zum Könige. Ursache des schwedisch=polnischen Erbfolgekrieges, der bis 1660 dauerte.

Bilderstürmerei des Pöbels gegen Ueberreste des katholischen Gottes= dienstes; Abschaffung der Ohrenbeichte.

1600. Der eifrige Begünstiger der Jesuiten und der schlimmste Feind Danzigs, Bischof Rozdraczewski, †. Die reformirte Gemeinde der Niederländer vereinigt sich mit der Trinitatis=Gemeinde; 300 Familienglie= der nehmen in dieser Kirche das Abendmahl am 1. Oct.

1601. Pest. — Anton Möller, Schüler Rafael's, vollendet sein großes Gemälde des jüngsten Gerichts im Artushofe. — Der neue Bischof Tarnowski kommt nach D. und will wenigstens die (calvinistische) Petri= kirche den Katholiken zurückgewinnen, aber vergeblich.

1602. Wieder Pest. (1387 Taufen, fast 17,000 Todesfälle.) Die Kirche und das Kloster der Birgittinernonnen wieder erbaut.

1604. Danzig lehnt sowohl die Forderung Polens ab, an Schwe= den Krieg zu erklären, als auch die schwedischen Anerbietungen. — Die Schandbühne oder der Pranger, „der Kak" genannt, von der Ecke des Rath=

haufes nach dem Stockthurme verlegt. — Der Predigerstuhl in der Pfarr=
kirche erbaut. — Vertrag der Werderaner mit den Carthäuser=Mönchen
nach langem Streite (seit 1571) wegen Schädigung der Kloster=Ländereien
im Werder durch Aufwerfen des Schlicks.

1605. Das große Zeughaus erbaut nach Durchbrechung der Stadt=
mauer. (Als Anbau 1636 die sogen. „Apotheke".) — Uhr an der Trini=
tatiskirche angebracht. — Die Last Roggen 18—20 Gulden. — 60 Häuser
am kassubischen Markte abgebrannt. — Die beiden ersten Ordnungen
(Rathsherren und Schöppen) großentheils calvinisch, die dritte (Bürger)
streng lutherisch. Mißhelligkeiten; Gesandtschaft Eberh. Böttcher's u. A.
nach Krakau zum Könige zu Gunsten der lutherischen Lehre; dieser kann sich
zu keiner Entscheidung entschließen „wegen hochwichtiger Gedanken." (1606.)

1607. Sehr gelinder Winter, Getreidezufuhr aus Polen schon im
Februar. — Streit wegen des Birgittenklosters, in welches der Rath Augu=
stinermönche, der Bischof Jesuiten als Beichtväter der Nonnen hineinbringen
will; Zerwürfniß im Kloster selbst.

1608. Neue Ausschmückung der Rathsstube mit Bildhauer=Arbeit von
Simon Herle und Malereien von Isaak von dem Blocke, bis 1611.

1611. Der Altar der Johanniskirche aus gehauenen Steinen ohne
Klammer errichtet und mit schönem marmornem Relief verziert. — Wegen
Zurückweisung der Jesuiten und Nicht=Ausführung des betreffenden k. De=
cretes wird D. mit Execution bedroht, aber vergebens.

1612 f. Das Langgasser Thor im italienischen Styl aus Sandstein
erbaut von Abraham von dem Blocke. (Die 8 Bildsäulen von Peter Rin=
gering kamen erst 1647 hinauf.) — Ein königliches Edict schließt die Cal=
vinisten (Reformirten) von allen obrigkeitlichen Aemtern aus.

1613. Ein Blitzstrahl schlug in den Thurm des Rathhauses und
zugleich in ein Thürmchen der Pfarrkirche, welches letztere davon bis aufs
Gewölbe niederbrannte.

1614. Die gemauerte Brücke über die Radaune zwischen der Kunst
und der Lohmühle erbaut. — Zehnjähriges Bündniß D.'s mit Elbing und
Thorn gegen die polnischen Beeinträchtigungen ihrer Privilegien. — Der
Waffenstillstand Polens mit Gustav Adolf verlängert.

1616. Pläne zur umfassenderen Stadtbefestigung scheitern an der
Meinungsverschiedenheit der Ordnungen. Die von Hans Strakowski
(Strachwitz) und Cornelius von dem Bosch werden 1620 in einer gewissen
Combination geändert angenommen.

1617. Neue Bartholomäi-Schule erbaut.

1618. Höchste Ziffer der Getreide-Ausfuhr: 115,721 Last; und im folgenden Jahre 102,081 Last. Von da an jährlich weniger bis 1653.

1619 f. Die Steinschleuse nebst Mühle von 2 Holländern erbaut, beendigt 1623. — Der Stadthof verbessert, mit gewölbtem Stalle.

1620. Pest. (Getauft 2323, gestorben fast 12,000.) — Bischof Woluski giebt den Jesuiten jenseit der Radaune einen großen Garten zur Erbauung ihres Collegiums.

1621. Befestigungen auf dem rechten Ufer der Mottlau durch den Ingenieur Cornelius von dem Bosch, bis 1624.

1623. Der gelehrte Danziger Geograph und Historiker Phil. Cluverus † in Leyden. (Sohn des Münzmeisters Cl.) — Festungsbau am linken Ufer der Mottlau. — König Sigismund III. mit seiner Gem. Constanzia in Danzig.

1624. Pest. (Getauft 2156, begraben 10,500.) Strenge Schul-Verordnung des Rathes für die Nehrunger: jedes Kind von 5 Jahren an muß die Schule regelmäßig besuchen, bei Strafe von 7 Mark.

1625. Wieder Pest. (Getauft 1863, begraben fast 4200.) Bastion Jakob erbaut, das Thor daneben in einen Pulverthurm verwandelt; das neue Jakobsthor dann 1633—36 von Stein erbaut.

1626. Haupt-Veränderungen an der Stadtbefestigung in der folgenden Zeit: der Wall am Legen Thore erhöht, dieses 1626 von Stein erbaut; die Niederstadt und der größte Theil von Langgarten mit Ausnahme des letzten abgetrennten Endes („Kneipab") in die Umwallung hineingezogen unter dem Namen „Neustadt", der sich aber bald verliert. — Gegenüber der Festung Weichselmünde (auf olivaischem Gebiete) die Westschanze angelegt in Form eines Hornwerkes, angelehnt an die „Sasper Kehle" (Abfluß des Sasper Sees) und entsprechend der Ostschanze mit ihren 5 Bastionen. — Das Langgartner Thor 1628 erbaut.

1628. Starke „Schweden-Schanze" auf dem Bischofsberge bis 1630 erbaut; später der Graben vertieft und verbreitert.

1629 f. Das Zuchthaus neu erbaut, 1643 mit hoher Mauer umgeben. — Reitende Briefpost nach Hamburg von der D. Kaufmannschaft eingerichtet. — Pest. (Getauft 2453, begraben 4185.)

1630. Wieder Pest. (Getauft 1889, begraben 5039.) — Merkliche Versandung der nördlichen Weichselmündung; Anhäufung von Ballast west-

lich in Folge der Verordnung des Rathes; Vergrößerung der Insel „Wester=
platte", vom Festlande durch eine anfangs ganz unsichere Rinne geschieden.
— Anbau vieler Fremden auf der Niederstadt. — Vollendung der Wasser=
kunst vor dem Hohen Thore.

1631. Sigismund in D., † 1632. Es folgt nach Wahl sein Sohn
Wladyslaw IV. und wird 1633 gekrönt.

1626—35. Krieg Gustav Adolf's mit Polen, nachdem er Lief=
land erobert. Er verlangte von D. Neutralität und verhieß große Vor=
theile, erschien aber aus Mißtrauen gegen Sigismund mit 20 Schiffen
auf der Rhede von D., nahm wegen der ihm bedenklichen Haltung der
Stadt einige D. Schiffe weg, gab sie aber wieder, nachdem die Stadt ge=
lobt hatte, keine Feindseligkeiten gegen ihn zu üben. Die Forderung aber,
den König von Polen (ihren Schutz= und Oberherrn) in keiner Weise zu
unterstützen, wies sie ab, und es begannen 1626 die Feindseligkeiten mit
Wegnahme von D. Schiffen. Gustav Adolf, nachdem er Liefland, Curland,
Litthauen gewonnen, Pillau erobert, Braunsberg gebrandschatzt, den Dom
zu Frauenburg geplündert, und auch Elbing, Marienburg, Dirschau und
andere Städte besetzt hatte, sperrte mit 9 Kriegsschiffen den Hafen von
Danzig, plünderte Oliva und Pelonken, nahm Putzig und das Danziger
Haupt, und verlangte Einstellung der Kriegesrüstung und Uebergabe des
Bischofsberges. Nach erfolgter Ablehnung verwüstete er das Werder,
nahm dessen Mittelpunkt Grebin, Großzünder ꝛc. Die Schanze bei Käse=
mark vertheidigte sich tapfer (der König wurde dort verwundet), mußte aber
später geräumt werden. Auf der Rhede von D. überwältigten 9 polnische
Schiffe 2 große schwedische, und der Admiral Stjernskiold sprengte sich
mit dem einen in die Luft. Die Schweden schadeten viel durch eine Schanze
zwischen Stadt und Hafen. Nach dem Treffen bei Stuhm 6jähriger Waffen=
stillstand: Schweden in der Nehrung bei Steegen, das Haupt in den Hän=
den der Brandenburger. Der Hafen geöffnet, die Zölle gemildert: 5½ Pro=
zent, wovon Schweden 3½, D. 2 erhielt.

1633. Der Springbrunnen vor dem Artushofe erbaut. — Das
neue Jacobsthor aus Stein erbaut. In Weichselmünde die Festung ver=
stärkt durch das Ravelin Berg oder Schweinskopf und ein Außenwerk mit
nassem Graben; massives Pulvermagazin daselbst. — Eine Mauer um
das Kinder= (Findel=) Haus gezogen.

1634. Die Brücke des Hohen Thores erhält statt des Steinpflasters
einen Bohlenbelag. — Neue Barbaraschule gebaut. — Der Thurm der

Katharinenkirche theilweise abgebrochen und mit der neuen 5fachen Spitze sammt Uhr und Glockenspiel versehn. — Wladyslaw hier, läßt aber die Huldigung nachher durch den Kulmer Bischof abnehmen.

1635. Waffenstillstand zu Stuhmsdorf auf 26 Jahre, statt eines Frie= densschlusses. (1637.) (Aufenthalt des franz. Legationssecr. Ogier in Danzig, der darüber interessante Mittheilungen in seinem Tagebuche macht, † 1654; Iter Danicum, 1656.) — Das Ravelin vor dem Jakobsthore geschüttet. — Damals viele Sectirer in D., Arianer, Socinianer, Mennoniten und aller= lei Schwärmer, gegen welche der Rath, wie gegen die Juden, sehr strenge Maßregeln ergriff.

1636. Die Jakobskirche durch Blitz zerstört, deßgleichen ein Theil der Gebäude an der Schießbude. — Die baufällige Niedewand durch eine hölzerne ersetzt. — Die Ansprüche des Königs auf die Seezölle der Stadt lenkt sie durch Zahlung von 800,000 Gulden ab. — Die Umwallung von Langgarten und Niederstadt jetzt oder 1637 beendigt.

1637. Die Uhr an der Pfarrkirche über der Dammthüre aus Bei= trägen der Anwohner aufgestellt.

1638. Sehr niedriger Wasserstand in der Weichsel. — Dort die Kalkschanze gebaut, um Stadt und Hafen mehr zu verbinden; deßgleichen auf dem Holme zu den vorhandenen 3 Schanzen noch gegenüber Schellmühl die Gevatter= oder Vorderschanze und 1639 die Herrenschanze. — Der alte städtische Rath erlaubt unter Einsprache des rechtstädtischen die Aufführung polnischer Komödien.

1639. Pest. (Getauft 2105, begraben 7466.) Von ihr wird auch hingerafft Martin Opitz von Boberfeld, berühmter Dichter, gekrönt und geadelt, seit 1634 in Danzig als König Wladyslaw's Secretär und Histo= riograph.

1640. Revision der D. Willkür (Stadt=Gesetz) und des Wettgerichtes. — Die neuere Treppe mit Portal vor dem Rathhause aus gothländischem Stein gebaut. — Die „Schießbuden" verschönert und ein Springbrunnen davor angelegt, der später zerstört ist.

1641. Genaue Ausmessung der Ortschaften von Langgarten bis an die Weßlinkesche Laake und weiter.

1642. Die große Glocke zu St. Petri umgegossen. — Neue Kleider= ordnung gegen den Luxus, dessen unglaubliche Höhe aus ihr hervorgeht. (1658 auch für die Frauen und Töchter der Rathsherren.) — Streit mit den Jesuiten, die sich auf dem Pfarrhofe zu St. Marien eingenistet haben und dort katholischen Gottesdienst halten. Sie erlangen in Rom die Befugniß, wieder als Beichtväter ins Birgittinerinnen-Kloster einzuziehn; der Rath wird wegen entschiedener Behinderung dessen in die Acht erklärt, diese jedoch vom Könige wieder aufgehoben.

1643. Die Birgittiner-Nonnen wollen zum völligen freien Besitze von Schidlitz gelangen. Streit und Vergleich: der Rath ernennt fortan zwei seiner Mitglieder zu Aufsehern des Nonnenackers 2c. — Beginn des neuen (Cavallerie-) Zeughauses am Legen Thor; beendigt 1645.

1646. In Altschottland das Kloster und Hospital der Barmherzigen Brüder von dem Statthalter von Marienburg, Johann Teßmer, dicht an der Stadtmauer gebaut, da der Rath ihre Aufnahme in die Stadt verweigert.

1647. Das Langgasser Thor oben mit 8 allegorischen Figuren von Petri Ringering geziert. — Endlicher Abschluß eines emphytentischen Miethscontractes der Stadt mit dem Abte von Oliva auf 93 Jahre über das Land von der Sasper Kehle bis zur See. Streit zwischen Lutheranern und Calvinisten.

1648. Die bereits 1623 und 25 meistens zugeschütteten Gräben des ehemaligen Ordensschlosses geebnet, vollends 1678. — 1647 und 48 die kleine Rathsstube und die daranstoßende Wettstube von Jak. Keplin gemalt; die Sonnenuhr erneuert. — König Wladyslaw †. Ihm folgt sein Bruder Johann Kasimir, bisher Geistlicher und Cardinal. Vergebliche Friedens-Unterhandlungen mit Königin Christine von Schweden.

1649. Vergrößerung des städtischen Lazareths. — Der Danziger General Huwald, in polnische Dienste getreten, will die Stadt den Schweden verrathen, doch macht Königin Christine dem Rathe Anzeige davon.

1651. Der Rathskeller unter dem Artushofe eröffnet; Rheinwein für Rechnung der Stadt geschenkt, jedem Rathsherrn jährlich ein paar Flaschen vom besten zugeschickt. — Die Jungfernschanze oder Kalkschanz-Redoute am rechten Weichselufer gegenüber der Kalkschanze erbaut. Deßgl. ein Kronwerk auf dem Bischofsberge. — Der Buttermarkt ringsum eingezäunt.

1653. Pest. (Getauft 1677, gestorben 11,616.) Die städtische Bevölkerung in der Zeit 1640—50 wird auf 77,000 Seelen berechnet.

1654. Königin Christine entsagte der Krone Schwedens zu Gunsten ihres Vetters Karl X. Gustav, Herzogs und Pfalzgrafen von Zweibrücken, einem kühnen kriegerischen Fürsten, welchen Polens sichtliche Schwäche zur Erneuerung des Kampfes aufforderte. Im Siegesfluge nahm er außer antern zahlreichen polnischen Städten Warschau und Krakau, verjagte den König nach Thorn und Schlesien, nahm 1656 Marienburg durch plötzliche Gewinnung des Kurfürsten von Brandenburg, der es vertheidigte und mit Danzig und Preußen ein Defensiv-Bündniß geschlossen hatte, so daß sich die 2000 Danziger kaum und mit Verlust zurückzogen. Putzig wurde von den D. tapfer vertheidigt und ihnen zum Lohne gegeben. Als Karl X. Gustav ihnen mehrmals vergeblich die Neutralität angeboten, erschienen 36 schwedische Schiffe auf der Rhede und forderten den früheren Seezoll ein; aber die D. blieben fest, brannten alle Vorstädte nieder, verloren jedoch das D. Haupt, welches der Feind nun sehr verstärkte, um von da aus das Werder zu plündern und die Weichseldämme zu durchstechen. Sie eroberten Oliva, verloren aber Grebin; die freie Seefahrt schützten anfangs Holländer und Dänen. Der schwedische Feldmarschall, Graf Königsmark, der mit einer Fregatte auf der Rhede zur Ueberfahrt erschien und dann in den Hafen einlief, wurde gefangen nach Weichselmünde gebracht. Johann Kasimir erschien mit 20,000 Mann den Danzigern zur Hülfe, auch in der Stadt, und diese polnischen Horden plünderten weit und breit vom Lager zu Langenau aus, bis Karl X. Gustav sie schlug und zerstreute. Mehrmalige Angriffe der D. auf das Haupt mißglückten, nicht aber Beutezüge über das gefrorne Haff nach Frauenburg und Tolkemit, sowie die Wiedergewinnung von Schloß Grebin. Die Schweden rückten aufs neue mit fürchterlichen Plünderungen ins Werder und durchstachen den Damm bei Käsemark, doch wurde die furchtbare Ueberschwemmung vermittels der Oeffnung des Dammes am Gänskruge meistens in die Weichsel zurückgeleitet. Des Eroberers Stern neigte sich, der Kurfürst wurde durch die gegen Jenen erfolgte Kriegserklärung andrer Mächte um so mehr in seinem Entschlusse bestärkt, sich von ihm loszusagen und sich mit seinem bisherigen Lehnsherrn Johann Kasimir zu verbinden, worauf der Vertrag zu Wehlau 1657 ihm die künftige Befreiung von Lehnsverhältnissen und trotz dem Widerspruche der Danziger die Verpfändung von Elbing für 400,000 Thaler in Aussicht stellte. Ehe Karl X. Gustav, der Thorn, Graudenz und Krakau verlor, gegen die Dänen und nach Stockholm abzog, suchte er sich an D. zu rächen, indem er bei Montau 10 mit Steinen gefüllte Kähne versenkte, um den Strom unfahrbar zu machen; doch dieser beseitigte ohne Beihülfe selbst das Hinderniß beim Eisgange; nur die Hauptschanze blieb trotz heldenmüthiger Angriffe noch in den Händen seines Bruders und Stellvertreters, des Prinzen Johann Adolf. Wegen der Entschädigung D. für die ungeheuern Kriegskosten und Verluste wurde erfolglos auf zwei Reichstagen 1659 u. s. f. verhandelt; jene wurden noch vermehrt durch Streifzüge des Feindes bis dicht an die Stadt, besonders von dem General Wirtz, der sogar, wiewohl vergeblich, von der Stadt eine Contribution forderte. Nach der Entfernung des Prinzen 1659 gelang es endlich den D., unter dem Obersten von Winter, zwei Nebenschanzen des Hauptes und zuletzt gegen Ende des Jahres auch dieses durch kunstmäßige Belagerung zu erobern, und diese glänzendste Waffenthat der D. war auch die letzte von Bedeutung in dem Kriege. 1660 wurden durch Vermittlung des französischen Gesandten Friedens=unterhandlungen in Oliva begonnen, indem die Diplomaten theils dort und in Pelonken, theils in der Stadt, theils im Oberdorfe Zoppot wohnten, Johann Kasimir aber in Karlikau seinen Hof hielt. Endlicher Abschluß des 61jährigen Krieges durch den Austausch der Unterzeichnungen des Friedens zu Oliva, in der Nacht zum 3. Mai 1660: Der König von Polen entsagte seinen Ansprüchen auf die schwedische Krone (bis auf den lebenslänglichen leeren Titel) sowie auf Lief= und Esthland; er erhielt alles Eroberte zurück, sowie die polnisch=preußischen Seestädte die Handelsfreiheit.

1656. Ende der „Hofhaltungen" (geselligen Zusammenkünfte) im Artushofe, wegen zu geringer Theilnahme. — Verstärkung der Ostschanze in Weichselmünde, in welchem die draußen abgebrochene Kirche neu erbaut wird. — Das Ravelin am Petershager Thor erbaut, deßgl. das des Neugar=ter, des Olivaer, und die Rückforter Schleuse. Der Bischofs= und der Hagels=berg näher mit den sonstigen Befestigungen der Stadt verbunden. (Vor=städte abgebrannt, s. vorher). — Der Maler Milzwith †.

1657. Pest. (Geboren 2189, begraben 7509.) — Wegen der städti=schen Finanznoth „gesiegeltes" (Stempel=)Papier eingeführt. — Doch zugleich Begräbniß=Ordnung gegen den Luxus.

1658. Die Salvator=Kirche in Petershagen erbaut.

1659. Verbrennung einer „Hexe", 1668 Hinrichtung einer andern in Zoppot. (3 andere 1664 in Oliva vom Volke umgebracht.)

6. Danzig vom Olivaer Frieden bis zur preußischen Besitznahme.

1660. Friede zu Oliva (s. vorher). Pest. (Geboren 1916, gestorben 5515.) — Die Post zu einem polnischen Regal erklärt. — König Karl II. von England, den D. sehr geneigt, modificirt Cromwell's Navigations-Acte zu Gunsten derselben: sie dürfen außer den Erzeugnissen ihres Gebietes auch die aus Preußen auf D. Schiffen, größtentheils mit D. bemannt, nach Großbritannien bringen. — Den Wiederaufbau des Schottlandes kann der Rath nicht hindern, und wird vom Könige mit 20,000 Ducaten Strafe bedroht. Den vom Könige geforderten Weichselzoll kauft die Stadt mit 100,000 Gulden ab.

1661. Der Rector der Johannisschule bittet den Rath um Erlaubniß, auf einer Handmühle Grütze zum Verkauf mahlen zu dürfen, sowie sein Vorgänger Bier gebraut habe. — 1661 und 63 die Quäker aus der Stadt vertrieben.

1662. Der Schuhflicker Treichel, Verfasser vieler mystischen Schriften seit 1654, auf den Antrag der Geistlichkeit verbannt.

1666. Franziskanerkloster auf dem Stolzenberge erbaut; die Kirche 1673. — Ausbesserung des Rathhaus-Thurmes von den Glocken aufwärts.

1668. Feuer im Brauhause des Karmeliter- oder Weißmünchen-Klosters, zerstört die Kirche fast ganz. — Der Bau des hohen Cavaliers in Bastion Jakob begonnen. — Der König legt freiwillig die Krone nieder.

1669. Fürst Michael Wiszniowiecki zum Könige von Polen erwählt und gekrönt; † schon 1673.

1671. Das Kloster der Barmherzigen Brüder in Altsch. hergestellt.

1672. Wiederholte Warnung des Rathes vor gottlosem Luxus.

1673. Da der Rath nur 3 Buchdruckereien in der Stadt erlaubt, wird (vom Abte Harkt) eine vierte in Oliva errichtet, die aber nicht lange Bestand hat. (Ordo Equestris Imperialis Angelicus Aureatus Constantianus S. Georgii, 1681. u. a.)

Die Strauch'schen Händel bis 1682: Dr. Aegidius Strauch, 1669 von Wittenberg an die Trinitatiskirche und ans Gymnasium berufen, gewinnt großen Anhang, beleidigt den Rath und die Katholiken, soll abdanken; Petition sämmtlicher Gewerke um seine Beibehaltung und Volksauflauf, worauf

der Rath nachgiebt, und Str. sich mehr mäßigt. Argwohn, daß ihn der
Rath nach Weichselmünde wolle abführen lassen; das Volk bewacht ihn
dagegen 2 Tage und 3 Nächte. Er nimmt trotz Bitten und Drohungen
einen Ruf als schwedischer Consistorialrath nach Greifswald an (1675), aber
das Volk läßt ihn zu seiner Abschiedspredigt nicht auf die Kanzel, sammelt
sich vor dem Rathhause und fordert vom Rathe förmliche Restituirung in
die bisherigen Aemter. Der Rath gab endlich nach, aber die ihm neu
ausgestellte Vocation schickte Str. mit Bemängelungen des Inhaltes und der
Form zurück und nahm auch eine abgeänderte nicht an, sondern bereitete sich
zur Abreise. Gegen die hiedurch erregte Wuth des Volkes mußte er sich
zum schwedischen Gesandten flüchten, willigte aber endlich ein, sich neu für
D. wählen zu lassen. Er schiffte sich mit seiner Familie ein, doch ward
das Schiff unweit Colberg von brandenburgischen angegriffen und dorthin
gebracht. Als schwedischer Rath, und zugleich feindseliger Correspondenz
angeschuldigt, wurde er nach Schweden gebracht, erhielt aber nach abge-
legtem Reinigungseide Erlaubniß nach Stettin zu reisen. Doch bei Stargard von brandenburgischen Dragonern festgenommen, wurde er nach Küstrin
gebracht, 3 Jahre als Gefangner gehalten und endlich nach vielen Weite-
rungen freigegeben. Er wurde in Danzig mit Jubel empfangen, 1678 ins
Rectorat wieder eingeführt, nahm aber das ihm angebotene Seniorat an
der Marienkirche 1679 nicht an und † 1682.

1674. Der Kongreßmarschall Johann Sobiesky wird als Johann III.
zum Könige von Polen erwählt. — Starker Frost, daß man zu Schlitten
nach Hela fuhr. — Der gelehrte aber zelotische Dr. Botsack, Hauptpastor
an der Marienkirche und Senior Ministerii (Vorsitzer der Gesammtheit der
D. Geistlichen) †. — An die Strauch'schen Händel knüpft sich die Empört-
heit des niedern D. Volkes gegen Str. Widersacher, Pastor Omuth an der
Johanniskirche, und die Gewerbe nehmen, als der Rath nicht auf ihre
Forderung nach dessen Absetzung eingeht, sogar zu dem Reichstage zu Kra-
tau 1676 und im folgenden Jahre 1677 zu dem zu Warschau ihre Zuflucht, durch eine Deputation unter dem Schuster Christian Meyer.

1676. Die auf einer Gesundheitsreise in D. befindliche Königin
wird hier reich beschenkt und von den Frauen um Fürbitte für den gefan-
genen Dr. Strauch dringend gebeten. — Die Jesuiten bauen in Altschottland ihr Collegium sammt Kirche wieder, und auch diese jetzt auf dem hohen
rechten Ufer.

1677. Der König, nach D. unterwegs, wird von den Bürgern

3. Ordnung schon in Mewe mit Aufmerksamkeiten überrascht, nimmt im Ferber'schen Hause zu Drei-Schweinsköpfen von ihnen eine Fürbitte für Strauch entgegen, doch ohne ihnen eine Audienz zu ertheilen. — Aufenthalt des Königs in D., prächtiges Feuerwerk auf dem Langenmarkte. — Erneute vergebliche Anforderung, die Marienkirche an die Katholiken zurückzugeben; endlich Erbauung der sog. königlichen Kapelle unter Beisteuer des Königs, welche 1681 fertig wird. — Polnischer Grenzzoll bei Fordon.

1678. Wilde Scenen des Volkes gegen Pastor Ohmuth. Noch wildere gegen die Karmelitermönche, als sie es nach 100 Jahren zum ersten Male wieder wagten, mit einer Prozession nach Oliva zu ziehen. Blutige Schlägerei bei der Rückkehr der Prozession, Kirche und Kloster arg verwüstet. Die Thore 14 Tage lang gesperrt, der Rath ließ die Schuldigen möglichst verhaften, und versprach Entschädigung. Dennoch die 3 Ordnungen vor den Reichstag zu Grodno gefordert sammt allen lutherischen Predigern.

1680. Nach königl. Decret erhalten die Karmeliter von der Stadt 25,000 Gulden Entschädigung; ein Anstifter der Verwüstung hingerichtet, andre zu mehrjähriger Zuchthausstrafe verurtheilt. Nach der Execution wilde Pöbelscenen mit Blutvergießen, worüber Strauch gegen den Rath eiferte und die angebotene Vocation abwies. Meyer u. A. erhielten ihre Freiheit gegen Verbannung.

1680. Zachar. Zapp, reich gewordener Kaufmann, welcher der Johanniskirche eine Taufe, einen Kronleuchter nebst 16 Wandleuchtern, Bibliothek, Orgel, Altar 2c. geschenkt, † und vermacht (außer andern wohlthätigen Stiftungen) der Kirche noch 33,000 Gulden.

1681. Neue Befestigungen vor dem Neugarter Thore beschlossen, und bald auch ausgeführt.

1682. Strauch, seines Einflusses mehr und mehr entkleidet, † vor Gram. Grobe Unordnungen bei seinem Begräbnisse in und an der Trinitatiskirche. — Sehr viel Asche verschifft in den Jahren 1680—90; die Getreide-Ausfuhr war am stärksten 1670 (über 50,000 Last) und 1684 (55,400 Last), dagegen am schwächsten 1672 (16,600 L.) und 1677 (18,500 L.).

1683. Verordnung des Rathes gegen den Luxus, verbietet den Bürgerfrauen alle Gold- und Silberstoffe, Spitzen, gold- und silbergestickte Schuhe u. a. m., auch theure Seidenzeuge und Fontangen.

1684. Erster Gottesdienst in der königl. Kapelle.

1686. Zu Schlitten nach Hela. — Dr. Schelwig, Nachfolger von Strauch, erregt durch seine zelotische Thätigkeit für die lutherische Lehre, besonders durch seine „reinste Katechismus-Reinigung", viel Unfrieden bis 1689. — Den Mennoniten wird bei 100 Ducaten untersagt, Andre zum Beitritte zu verleiten.

1687. Der Artushof renovirt. — Die Heil. Leichnamskirche durch Anbau vergrößert. (Um dieselbe Zeit viele Landkirchen im D. Gebiete erbaut: Gotteswalde 1672, Kriefkohl 1682, Löblau und Güttland 1684, Rambeltsch 1699; ausgebaut wurden: die zu Großzünder 1660, zu Osterwick 1677 2c.) — Der berühmte Astronom Joh. Hevelius (Hewelke), Verfasser sehr geschätzter Werke, sonst Bierbrauer, Ziegeleibesitzer, Pferdezüchter 2c., auch altstädtischer Rathsherr,⚬ † an seinem 76. Geburtstage. Außer dem Besuche des Königs Johann III. Sobiesky und seiner Gemahlin in seiner Wohnung (1677) erhielt er viele Auszeichnungen von Fürsten, berühmten Männern und Gelehrten. — General v. d. Osten Stadt-Commandant. Die Befestigungen zu beiden Seiten der Weichselmündung verändert und verstärkt, weil die Nord-Ausfahrt immer häufiger unbrauchbar wurde, und die Nordwest-Ausfahrt durch die Rinne zwischen der Westerplatte und dem Festlande seit 1655 immer mehr benutzt und seit Vergrößerung der Sandbank vor der alten Durchfahrt, besonders seit 1673, fast allein übrig blieb. Ausbaggerung dieser Rinne und Vergrößerung der Westerplatte seit dieser Zeit, auch Entstehung der Vorstadt „Neufahrwasser."

1690. Erbauung der kleineren städtischen Mühle. — Das alte baufällige und gefährdete Blockhaus an der Weichselmündung abgebrochen.

1691. Vergrößerung des Zucht= oder Raspelhauses.

1692. Die Schuitenfahrt nach D. eingerichtet auf der Laake, die den Holm abschneidet. — Streitigkeiten des Dr. Schelwig mit dem Königsberger Hofprediger Pfeiffer 2c.

1693. Verordnung des Rathes über den Gesangunterricht in den Schulen. — Sein Streit mit der Aebtissin des Nonnenklosters wegen deren Uebergriffe in Verwaltung der Besitzungen in Schidlitz; derselbe wird 1695 zu Gunsten des Rathes entschieden.

1694. Die seit 1688 neu gefertigte Uhr über der Dammthüre der Pfarrkirche wird aufgestellt.

1694—1704. Langer Streit des Dr. Schelwig und seines Nachfolgers Bücher mit dem altstädtischen Rathsherrn Lange, der den Geistlichen ihr unchristliches Treiben, ihre Zank= und Verfolgungssucht vorhält.

1695. Eine Pferdesteuer eingeführt (für Luxuspferde, je 5 Thlr.), und 1699 eine Miethssteuer (vom Gulden 1 Groschen).

1696. König Johann III. †.

1697. Um die polnische Krone bewerben sich, unter wilder Erregung der Reichsvertreter, 10 Männer, zuletzt nur Prinz Conti und Kurfürst Friedrich August von Sachsen. Jener erscheint mit 6 stattlichen Fregatten auf der Rhede von D., sucht vergeblich dessen Unterstützung nach, flieht vor anrückenden sächsischen Truppen und nimmt 5 D. Schiffe mit. König Ludwig XIV. läßt alle D. Schiffe in französischen Häfen mit Beschlag belegen und auf offner See wegnehmen, verlangt auch ausdrückliche Abbitte durch eine Gesandtschaft, zu welcher sich die Stadt endlich 1701 entschließen muß, nebst Zahlung von 100,000 Gulden. Erst der Friede zu Utrecht 1713 beendigte den Zwist gänzlich. — Der ausgezeichnete Botaniker Jak. Breyne †; deßgl. der treffliche Maler Andr. Stech.

1698. Theuerung. — König Friedrich August von Polen, endlich allgemein anerkannt, kommt nach D., erlaubt unter dem Protest des Rathes den Jesuiten Eintritt in die Stadt und Abhaltung des Gottesdienstes in der königlichen Kapelle. — Große Thätigkeit am Ausbaggern des „Neuen Fahrwassers" und am Befestigen des Ufers; starke Schleuse gegen den Eisgang.

1699. Verbesserung des Spendhauses und seiner Einrichtung. (23,000 Gulden dazu durch eine Klassen-Lotterie und eine Haus-Collecte.) — Der Gebrauch der Trompeten und Pauken bei den zahlreichen Kirchen-Musiken vom Rathe untersagt. — Bündniß Friedrich August's mit Dänemark und Rußland zur Beraubung des jungen Königs von Schweden, Karls XII.; Anlaß zum „Nordischen Kriege," dem dritten schwedisch-polnischen Erbfolgekriege.

1701. König Friedrich I. von Preußen kommt (auf der Reise zur Krönung nach Königsberg) nach D., wird glänzend empfangen und bewirthet und dadurch für D. günstig gestimmt. — D. muß sich zur Zahlung des den westpreußischen Städten aufgelegten Kopfgeldes entschließen und große Vorschüsse machen, die erst 1724 geregelt wurden.

1702. Der nordische Krieg. Sächsische Truppen bis vor Danzig, an den Thoren zurückgewiesen.

1703. Der schwedische General Stenbock erscheint, während sein siegreicher junger König Thorn bombardirt, vor D. und verlangt Lebensmittel und Munition, wird aber mit 100,000 Speciesthalern abgekauft.

1704. Derselbe erschien wieder, fordert die Zustimmung zur Absetzung Friedrich August's trotz dem bereits geleisteten Huldigungseide, Ablieferung aller Abgaben an den König von Schweden und Bezahlung einer uralten angeblichen Schuldforderung vom J. 1457. Er drohte D. zu einem

4*

„Eulenneste" zu machen und setzte für jede Stunde Zögerung 1000 Speciesthaler Strafe fest. Trotzdem zögerte der Rath 67 Stunden und mußte
endlich doch außer den 67,000 Thlrn. alle unerhörten Forderungen bewilli-
gen. Dänemark, England, die Niederlande gaben nur schwachen Trost in
der Noth, und Frankreich machte sogar Nachforderungen von der Flucht des
Prinzen Conti her; endlich sicherte Karl XII. der Stadt ungestörten Handel
und Genuß ihrer Freiheiten zu. — Diese hatte unterdeß zu ihrem Commandanten den preußischen General von der Goltze, zum Obersten den
Schotten Sinclair aus holländischen Diensten, zum Oberstlieutenant den
Baron von Plobsheim genommen, die Besatzung sehr vermehrt, die Festungswerke verstärkt und den Hagelsberg enger damit verbunden. In äußerste
Noth gerieth die Stadt, als Stenbock die (theilweise) Erwählung des polnischen Gegenkönigs Stanislaus Leszczynski's, des bisherigen Woywoden von
Posen, durchgesetzt hatte, welcher auch in Warschau gekrönt wurde, während
die Gegner, die Conföderirten von Sendomir, an Friedrich August festhiel-
ten. Letzterer schloß mit Czar Peter von Rußland ein neues Bündniß,
stiftete den Weißen-Adler-Orden, wurde aber durch Karls XII. raschen Einfall von Litthauen durch Groß-Polen in Kursachsen zum Frieden zu Altranstädt gezwungen, worin er jenem Bündnisse entsagte und seinen Gegner als
König anerkannte, 1706. — Die Schanze vom Hornwerke auf dem Hagelsberge über den Heil. Leichnams-Kirchhof bis zum Stadtgraben angelegt und
spöttisch „Stenbocks Brille" genannt. — Ein Sturm warf die Fahne von
der Spitze des Rathhauses herunter, bog die Fahnenstange und beschädigte
den Mann auf der Thurmspitze.

1705. Einige Magnaten von Friedrich August's Partei sollten nach
D. geflohen sein; für ihre Nicht-Auslieferung sollte die Stadt den Schweden 60,000 Thaler zahlen. Als sie sich weigerte, besetzten diese das Werder
und sogen es durch Lieferungen und Brandschatzungen aus, während sein
Rival alle königlichen Abgaben für sich forderte.

1706. Wegen öfterer Entführungen erläßt der Rath eine strenge Verordnung „gegen die unverschämte Frechheit einiger Kinder und Unmündigen".
1705 Beschränkung der Pathengeschenke. — Friede zu Altranstädt (s. vorher).

1707. Czar Peter und seine Russen bei Danzig. Unverschämte Forderungen derselben. Blutiger Kampf auf Stolzenberg zwischen den schwedischen Werbern und dem Pöbel, der gegen sie aufgebracht ist und ihr Haus
zerstört. — Goltze tritt in russische Dienste. — Stanislaus kommt incognito
nach D., gewinnt Alle durch seine Liebenswürdigkeit, erbittet und erhält
75,000 Gulden als Geschenk und ebensoviel als Darlehn, wofür er der

Stadt manche Freundschaftsdienste leistet. — Schulordnung des Waisen=
hauses. — Verordnung des Nehrungschen Amtes (wiederholt 1725) gegen
„ruchlose Leute und Epikuräer" über Kirchenbesuch und Communion, mit
vielerlei Strafbestimmungen, auch wegen Nichtbesitz von Bibel, Gesangbuch
und Katechismus. Vgl. Gesinde=Ordnung von 1705 u. 34. — Die schwache
eiserne Fahnenstange der Bildsäule auf der Spitze des Rathhausthurmes
durch einen Sturm 1707 ganz gekrümmt. Der Schiffszimmergeselle Jak.
Fehrmann brachte, wie schon 1704 die Fahne, so jetzt den ganzen 180 Pfund
schweren Mann herab, und dann mit leichter gemachter Fahne mit Hülfe
des Klempners v. Dutysberck glücklich an Ort und Stelle.

1708. Beginn der Umformung der Festungswerke von Weichselmünde:
(Die große Redoute am Holländer 1705 abgetragen.) Die Ostschanze sammt
der Kirche, dem Zeughause und andern Gebäuden abgetragen, dagegen be=
deckter Weg nebst Glacis in geeigneter Höhe, um die Mauer des Hauses
(Fort Carré) zu decken. — Damalige Abgaben (Kopfgelder): für einen
Bürgermeister und Rathsherrn 100 Gulden, für einen Professor oder Pre=
diger 50, für deren Frauen und Kinder je 8 Gulden 2c.

1709. Pest. (Geboren 1836, gestorben 24,500 Personen, die Fran=
ziskaner auf dem Stolzenberge sämmtlich.) Sehr strenger Winter; die See
9 Meilen weit zugefroren. — Karl XII., bei Pultawa vom Czaren Peter
geschlagen, flieht zu den Türken nach Bender. Friedrich August erklärt den
Frieden zu Altranstädt sammt seiner Abdankung für ungültig, und sein
Gegner flieht nach Pommern. D. wird begnadigt, erhält aber sehr starke
Einquartirung in seinem Gebiete; England und Holland schützten die Stadt
durch Fürsprache, und sie mußte nur 600,000 Gulden an den König und
10,000 an den Bischof von Cujavien zahlen.

1710. König August bei seinem siebenwöchentlichen Aufenthalte in
D. versichert seine volle Befriedigung. — Der preußische Landtag im alt=
städtischen Rathhause abgehalten. — Die 1705 angelegte schwimmende Kur=
tine zwischen den Bastionen Braunroß und Mottlau wird zur Vertheidigung
durch Infanterie eingerichtet.

1711. Die niederstädtische Freischule gegründet, dann 1715 die alt=
städtische, sowie die kathol. Kapellenschule, und 1722 die auf Neugarten. —
Czar Peter ließ unter Drohungen wieder 600,000 Thlr. von D. fordern
und beruhigte sich kaum; dann sogleich rückten Polen mit gleichen Forderung
gen plündernd ins D. Gebiet, deren sich die Stadt 1712 und 1715 mit
Waffen erwehren mußte. — Die Banden plünderten auch Waarentrans=
porte auf dem Wege nach D., und die 1713 aus Pommern zurückkehrenden

Ruſſen niſteten ſich auch im D. Gebiete ein, denen bald wieder Polen und abermals Ruſſen folgten. Auch der Czar kam 1716 vom Ganskruge nach D., wohnte in der „Hoffnung“ und vor dem Hohen Thore, war herab- laſſend und gab dem Volke einen Schmaus; aber dies beſſerte nichts an der Behandlung der geſammten Stadt. Der Handel mit Schweden wurde unterſagt, Kaperſchiffe verlangt, und nach einem zweiten kurzen Beſuche empfand D. den Zorn des Czaren wegen nicht ſofortiger Ausführung jener Befehle.

1712. Erneuerung der ruſſiſchen Forderungen. — Der Weg vor dem Legen Thore angelegt, 1715 fertig.

1713. Landtag zu Warſchau. Anforderungen an die Stadt, welche ermäßigt wurden. Plünderungen (ſ. vorher). — Zigeuner zum erſten Male bei Danzig, dürfen nicht lange bleiben; das Verbot 1743 wiederholt.

1714. Andr. Schlüter, jung nach D. gekommen, dann 1694 in Ber- lin Hofbildhauer und 1696 Schloßbaumeiſter, † dort in Ungnade wegen des verunglückten Münzthurmes.

1716. König Auguſt und zugleich Czar Peter in D. (ſ. vorher.) Dieſer feierte die Vermählung ſeiner Nichte Katharina mit dem Meklen- burgiſchen Prinzen Karl Leopold, in der „Krummen Linde“. Auf der Rück- reiſe von Königsberg beſucht der Czar nochmals den König Auguſt in D. Abzug der Ruſſen; aber bald nach ſeiner Abreiſe feindliche Erklärung gegen D. (ſ. vorher.) — Stummer Reichstag zu Warſchau: Große Beiſteuer zum Unterhalte des Heeres (D. halbjährig 39,000 Gulden); unerhörte Beſchrän- kung der Proteſtanten („Diſſidenten“). — Eine kräftig erneute Forderung der Polen wegen Herausgabe der Marienkirche wird, trotz furchtbarer Dro- hungen, von dem Rathe im Vertrauen auf den Schutz des Czaren Peter zurückgewieſen.

1717. Verbeſſerung des Neuen Fahrwaſſers; größere Schleuſe. — Ruſſen unter Fürſt Dolgoruki aus Meklenburg: der Czar verlangt 5 Fre- gatten (mit ruſſiſchen Offizieren) und 500,000 Speciesthaler. Herabminde- rung auf 3 Freg. und 140,000 Thlr. Ankunft des Czaren. Die Stadt muß allen Verkehr mit Schweden meiden und den Ruſſen ihren Hafen öffnen. Viele Verhandlungen.

1718. Karl XII. fällt vor Fredrikshall. Die Ruſſen blieben auf D. Gebiete noch bis 1719, angeblich wegen nicht loyaler Ausführung der Befehle des Czaren. — Der Biſchof von Cujavien vertreibt die Juden aus ſeinem Gebiete Altſchottland ꝛc., der Rath deßgleichen 1723 aus Petershagen, Ohra und Stadtgebiet. — Der Irrgarten vom Rathsherrn Ferber und dem Commandanten v. Sinclair zuerst angelegt.

1719. Die D. Truppen in der Scharpau von streifenden Polen überfallen und gefangen. — Russische Schiffe in Weichselmünde visitiren alle ein= und auslaufenden; sie ziehn sich tief in den Hafen zurück, als 3 schwedische Kriegsschiffe erscheinen, um sie wegzunehmen, — sodaß es diesen nicht gelingt.

1720. Neues Blockhaus auf dem Polnischen Haken, am Einflusse der Mottlau in die Weichsel (auf der Stelle der einst 1641 errichteten Bauernschanze). — Nach einem vom Rathe vermittelten Vergleich segeln die russischen Schiffe aus dem nun frei werdenden Hafen ab, und die schwedischen folgen. —

1721. Der runde Thurm in Weichselmünde (1709 abgebrannt) schöner wieder hergestellt mit Zinnen und Schlaguhr. — Der Nordische Krieg beendigt durch den Frieden zu Nystadt. Wiederbeginn des freien Handels.

1722. Danzig und Thorn kaufen sich von dem Zoll bei Fordon los für 6000, resp. 8000 Ducaten.

1723. Das Frauen=Stift am Oliva'schen Thore gegründet. — Aus Polen in diesen Jahren jährlich eine Getreide=Einfuhr von c. 50,000 Last.

1724. Das „Thorner Blutbad", die grausame Hinrichtung des Bürgermeisters Rösner rc. aus religiösem Fanatismus, erregt die Gemüther der protestantischen Danziger außerordentlich. — Die neue Schleuse in Neufahrwasser fertig.

1725. Der Artushof renovirt. — D. erhält auf seine Bitte von Ludwig XV. Antheil an den Handelsvergünstigungen gleich den großen Hansastädten.

1726. Die Barbara=Kirche durch Anbau verdoppelt.

1727. Verstärkung der Festungswerke am Olivaer Thor; Thor und Brücke daselbst gebaut.

1730. D. Bevölkerung beträgt nur 48,000 Seelen.

1731. Umbau der Befestigungen bei St. Jakob und Heil. Leichnam,

1732 f. Die wegen ihrer Religion zur Auswanderung genöthigten Salzburger finden in Preußen, und so auch unterwegs in D. die freundlichste Aufnahme und Unterstützung.

1733. König August †. Eine Partei wählt nochmals Stanislaus Leszczynski, der sich aber wegen Unruhen von Warschau nach D. begab.

Durch russischen Einfluß aber und unter dem Schutze russischer Truppen wird auf der Kaiserin Anstiften Kurfürst August III. von Sachsen von einer andern Partei gewählt und zu Krakau 1734 gekrönt. Zu seiner Unterstützung rückte der russische General Lascy in Preußen ein und besetzte Thorn. Die D., sicher auf die versprochene Hülfe Frankreichs bauend, und auf England, Holland, Dänemark und Schweden hoffend, bleiben Stanislaus treu, verstärken die Festungswerke und die Garnison (10,000 Mann, doppelt soviel mit Einschluß der Bürger-Compagnien und der Schützenbrüderschaft). Aufforderungen Lascy's an D. von Dirschau und von Praust her vergeblich; er zieht nach Oliva und Langfuhr, leitet die Radaune ab, richtet in Schellmühl eine Bäckerei ein, erleidet aber manchen Verlust durch die D. Garnison, besonders die Freischützen.

Mitte **März 1734** übernimmt Feldmarschall Graf Münnich den Oberbefehl. Eine gänzliche Niederlage der Polen bei Ohra wurde durch die Tapferkeit der Danziger verhindert. Fast 10,000 Flüchtlinge in die Stadt, die Vorstädte und Umgebungen meistens geplündert und verbrannt. Die Russen nahmen das D. Haupt und sperrten die Weichsel, nahmen den Holm sammt der Sommerschanze; die D. dagegen, auf Preußen und Frankreich vertrauend, brannten das Dorf Weichselmünde sammt der Kirche, Neugarten, Schidlitz ꝛc. und die Mottlausche Gasse mit dem Kloster der Barmherzigen Brüder ab. Sturm auf den Hagelsberg am „Kessel" nahe dem Majoren= (Neugarter) Thore am 9. Mai; das „russische Grab." (1500 oder gar 4000 Russen.) 1500 Franzosen, durch falsche Nachricht verleitet, ziehn wieder ab. Bombardement und Theuerung, verstärkt durch 2000 flüchtige Nehrunger. Dennoch wollte die 3. Ordnung nichts von Uebergabe wissen. Mißlungener Angriff auf den Holm von 2300 gelandeten Franzosen nebst der Garnison. Die Russen erhalten bedeutende Verstärkung an Truppen ꝛc., auch durch eine Flotte von 16 Linienschiffen und 6 Fregatten. Die Franzosen auf der Westerplatte ergaben sich, und Verrath griff um sich, sodaß Hauptmann Patzer Weichselmünde räumen mußte. Unterhandlungen scheiterten an der verlangten Auslieferung des Königs. Um den Leiden der Stadt ein Ende zu machen, floh derselbe verkleidet von Langgarten über die Gräben und das Bauamt nach Königsberg mit Zurücklassung eines herzlichen Danksagungsschreibens. Neues heftiges Bombardement, worauf die Stadt nach geführtem Beweise, die Flucht des Königs nicht bewirkt zu haben, ziemliche Bedingungen der Uebergabe erhielt: Anerkennung August's III., Abbitte bei der russischen Kaiserin und Zahlung von 1 Mill. Speciesthalern ꝛc., so wie vorläufige Besetzung des Olivaer Tho=

res mit sächsischen Truppen. (In 2 Monaten waren 4430 Bomben in die Stadt gefallen, 1500 Menschen getödtet oder verstümmelt, gegen 1800 Häuser beschädigt.) Dankfest wegen Wahl und Krönung des Königs. August lehnte in Oliva den erbetenen Besuch in D. ab und forderte nachträglich 2½ Mill. preuß. Gulden als Kriegskosten, die um ⅞ ermäßigt wurden. Bis zur Zahlung (1736) blieb Weichselmünde besetzt. Die nachträgliche Huldigung nahm er durch Vertretung an. — Der Rath untersagt Hochzeit- und Leichen-Gedichte als überflüssigen Luxus.

1736. Neuschottland angelegt. — Weichselmünde wieder herausgegeben.

1738. Das Glockenspiel auf dem Katharinenthurme mit 35 Glocken, für ein Legat von Andr. Sender und den Ertrag einer Klassen-Lotterie gefertigt, erklingt zum ersten Male.

1739. Die Aller-Engel-Kirche hergestellt, sowie 1741 die der Barmherzigen Brüder nach langem Bedenken des Rathes wegen der zu großen Nähe an den Stadtmauern. — Anfang der Herausgabe von Hanow's „monatlichen Erfahrungen."

1740. Sehr strenger Winter. Gabr. Dan. Fahrenheit, berühmter Physiker, geb. in D. 1686, Erfinder neuer Thermometer mit Quecksilber, Urheber der F.'schen Scala (Gefrierpunkt 32°, Siedepunkt 212°), † in Holland.

1741. Störung des Handels durch den österreichischen Erbfolgekrieg und die Feindseligkeiten zwischen Rußland und Schweden, wohin der Handel fast aufhört, bis zum Frieden von Abo.

1742. Uebergabe des Artushofes an die Kaufmannschaft zur Börse.

1744. Die Lazarethkirche wieder erbaut. — Der vortreffliche Porträtmaler Dan. Klein †.

1745. Erster Versuch (von London aus) eine Freimaurer-Loge in D. zu gründen, findet aber zu wenig Anklang.

1747. Der sehr gesuchte Proträtmaler Denner †. (geb. 1685.)

1748. Klagen der 3. Ordnung über die Willkürlichkeiten des Rathes beim Könige in Dresden, über Nepotismus, engherzige Besetzung der Aemter, Unterlassung jeder Rechnungslegung, ungerechter Anmaßung von Einkünften, Begünstigung der Juden, Mennoniten, Fremden; doch führte die Untersuchung der 69 Klagepunkte bei der 1749 hergesandten Commission zu keinem Ergebnisse.

1749. Neue Klagen der 3. Ordnung über die Besetzung der Rathsstellen, wovon ihr nach dem Decrete von 1678 ein Drittel zustand. Neue

Bestimmung: die 3. Ordnung soll zur Besetzung jeder ihr zukommenden Stelle 4 Mitglieder aus dem Kaufmannsstande zur Auswahl präsentiren und sogleich für die 5 eben neu zu wählenden beginnen. Abschaffung, resp. Verminderung der allgemein verhaßten Accise. Der Rath widerstrebte den Aenderungen der Verfassung und wollte sie nur annehmen, „soweit sie nicht den städtischen Rechten widerstritten." Beiderseitige Gesandtschaften nach Dresden 1751; zugleich in der Stadt Unfrieden, z. B. zwischen den Schuh=macher=Meistern und Gesellen.

Die Getreide=Verschiffung, welche 1703 auf 9176 Last, 1715 auf 3,492 Last, 1737 gar auf 2392 Last herabgesunken war, hob sich unter vielen Fluctuationen wieder 1723 auf 50,685 L., im folgenden J. und 1729 auf mehr als 54,000 L., 1751 auf fast 60,000 Last.

1750. Die Gewerke von D. erhalten trotz des Widerspruchs des Niederländischen Gesandten ein königl. Rescript aus Warschau gegen die Mennoniten: sie sollen nicht zugleich Handwerk und Handel treiben, sollen das Material zu ihren Fabrikaten nur von D. Bürgern kaufen und diese nicht feilbieten, sondern nur an Bürger verkaufen dürfen. Von solchen sind ihnen auch nur die Bortenwirkerei, der Seidenkram, die Branntweindestilla=tion und die Färberei gestattet.

1752. Der hergesandte kön. Assessorial=Gerichtshof setzt die feierliche Verkündigung jener Ordination durch und beruhigt die Aufregung; in 77 Paragraphen nebst 29 „Clarificationen" waren viele Bestimmungen zu Gunsten der 3. Ordnung und zur Beschränkung der Aristokratie gegeben. Der noch lange unfügsame Rath mußte doch endlich die schlimmen Folgen durch Ab=bitte beim Könige in Fraustadt und durch Geschenke ablenken. Die 3. Ord=nung verlangte aber nachdrückliche Bestrafung, und die Excesse der Tischler=gesellen forderten die ganze Energie des Rathes und seiner bewaffneten Macht heraus. Von ihnen wurden viele zu Zuchthaus und Gefängniß, einige auch zur Stäupung und Brandmarkung verurtheilt, letztere Strafe jedoch wegen neuer Unruhen in 20jährige Arbeit im Raspelhause verwandelt.

1755. 300jährige Jubelfeier der Befreiung D. vom deutschen Orden. — Die Apotheke im Lazareth eingerichtet. — Das marmorne Standbild König August's III. im Artushofe von der Kaufmannschaft aufgestellt.

1756—63. Siebenjähriger Krieg.

1757. Nachdem der russische General Graf Fermor nach der Schlacht bei Großjägerndorf Preußen nebst Elbing und Thorn besetzt und von Marienwerder aus wie eine eroberte Provinz behandelt hatte, übten die

Ruſſen von Dirſchau aus im D. Gebiete viel Unfug und Gewaltthat. — Die Poterne Salvator=Mittel auf dem Biſchofsberge erbaut.

1758. Graf Fermor verlangt unter den glänzendſten Anerbietungen zur Sicherheit ſeines Heeres die Aufnahme einer ruſſiſchen Beſaßung in D., aber troß alles Zurathens und aller Zuſicherungen von Seiten Oeſtreichs, Schwedens, Frankreichs, ſelbſt Polens lehnte D. die Zumuthung ab. Neue Räubereien und Unthaten der Ruſſen auf D. Gebiet. Vertheidigungsan= ſtalten, das Bauamt überſchwemmt, General Eggers aus Königsberg Com= mandant, die ruſſiſchen Proviantſchiffe nicht in die Weichſel gelaſſen. Zorn der Kaiſerin, allerlei Unannehmlichkeiten mit andern Reſidenten in D. Der König von Polen, ſtatt zu helfen, forderte Geld und erhielt es auch 1759. — Gleiche Zumuthungen und Beläſtigungen durch Gen. Soltikoff 1749 und 60.

1759. Der berühmte Naturforſcher (und Stadtſekretär) Klein, der „preußiſche Plinius", †. (geb. 1685.) — Neue große Orgel in der Marienkirche.

1760. Mißhelligkeiten der Stadt mit dem Rathsherrn Gotthilf Wernick, der durch Hochmuth und Unredlichkeit, auch durch ſchlechten Ban= kerott verhaßt wurde, und nun, um ſich zu retten und zu rächen, nach War= ſchau floh, die Stadt wegen angeblicher Ränke verklagte, und für ehrlos daheim erklärt wurde. Außer ſeinen Pamphleten und Pasquillen gegen ſie hetzte er den Hof und die Beamten zur Wegnahme des Pfahlgeldes und der ſog. Zulage auf, wurde dort zum Geh. Commerzienrath ernannt, und ver= anlaßte es, daß man durch eine abgeſandte Commiſſion 1761 den Rath ſchreckte. Dieſer aber im Einverſtändniß mit den Ordnungen proteſtirte im Hinweis auf die ſtädtiſchen Privilegien, und verbot vor der Commiſſion zu erſcheinen; dieſelbe zog ab, und der Unwille des Hofes wurde endlich 1762 wieder durch die Zahlung von 1½ Mill. Gulden beſänftigt, auch die Zulage der Stadt gelaſſen. Wernick wurde als Verräther auf den Königs= ſtein geſetzt, dann ausgeliefert und bis zu ſeinem Tode (1773) in Weichſel= münde gefangen gehalten. — Große Hauscollecte für die Chriſten in Smyrna. (26,000 Gulden.)

1761. Die geiſtreiche Adelgunde Victorie Gottſched, Gattin des be= rühmten G. in Leipzig, in D. geboren 1713 als Nichte des bekannten Ana= tomen Kulmus, †. — Die Poterne auf dem Hagelsberge von Ziegeln erbaut.

1763. König Auguſt III. † zu Dresden; allgemeine Unordnung in der Verwaltung des Reiches; auch gegen D. Intriguen, durch Geld und andre Geſchenke beſchwichtigt.

1764. Fürst Stanislaus Poniatowsky zum Könige von Polen er=
wählt. Congreß der preußischen Städte in D. über die vom Convocations=
Reichstage aufgestellte Wahl=Capitulation, die mit den Privilegien nicht ganz
übereinstimmt. Der König freundlich und leutselig, muß aber sogleich ein
Geschenk von 20,000 Ducaten erhalten, fordert für Abstand von einem
Generalzolle 150,000 Gulden jährlich und zögert doch mit der Bestätigung
der Privilegien. Endlich garantirt die russische Kaiserin Katharina im
Namen ihres Schützlings P. die früheren Rechte 1764, und wiederholt
1768. — Der Naturforscher Joh. Phil. Breyne †. (geb. 1680.)

1765. Erstes Zerwürfniß D. mit Friedrich II. von Preußen, der
als Repression gegen den polnischen General=Zoll einen Zoll bei Marien=
werder einrichtete; diesmal half auch noch die russische Intervention.

1765 ff. Beisteuern der Commune D. (wie 1755 zum Thorner
Kirchenbau) zu demselben Zwecke für Lobsens, Wernigerode, Lissa ?c.

1766. Reform des Schulwesens.

1767. Friedrich II. wiederholt die 1764 und 66 ausgesprochene For=
derung, daß seine ostpreußischen Unterthanen sich Waaren durch den Dan=
ziger Hafer dürften kommen lassen. (Stapelrecht und Hafenrecht verwechselt.)

1767. Beleuchtung der Rechtstadt mit 856 Straßen=Laternen.

1768—70. Die große Lindenallee vom Olivaer Thor nach Lang=
fuhr gepflanzt durch Fürsorge des Bürgermeisters v. Gralath und Aufsicht
des Pastors Jenin. (4 Reihen holländische Linden à 354 Bäume; Kosten
100,000 Gulden.) (1768) Auf dem Conföderations=Reichstage wird der
Anspruch der Polen (Katholiken) auf die Marienkirche in D. zurückgewiesen
und der Beschluß von 1716 gegen die Dissidenten aufgehoben.

1769. Neue Orgel in der Petrikirche. — Ernst Aug. Bertling, seit
1753 Prof., Rector und Prediger in D., †. (geb. 1721 in Osnabrück.)

1770. Friedrich II. läßt gleich Katharina „der Pest wegen" Truppen
in Polnisch=Preußen einrücken und einen Cordon ziehn. Er kündigt D.
wegen behinderter Werbungen seine Ungnade an; General Ingersleben rückte
ins Werder, nahm die D. Garnison in Grebin gefangen und forderte un=
gestüm 100,000 Ducaten. Seine Husaren streiften bis an die geschlossenen
Thore von D., und in einer Convention 1771 wurde alles Verlangte be=
willigt, zumal sich im Auslande keine Theilnahme zeigte. — Die Schrift=
stellerin Joh. Schopenhauer in D. geboren.

1772. Erste Theilung Polens; Preußen besetzt das Gebiet des cuja=
vischen Bischofs: Altschottland, Schidlitz, Neuschottland, Stolzenberg, auch

Neufahrwasser, weil es auf olivaischem Gebiete liege, beansprucht ferner die geistlichen Güter Oliva, St. Albrecht, Quadendorf, Gemlitz, Münchengrebin, auch den Holm, Hela und die Scharpau. Schriften hin und wieder über das Anrecht an den Danziger Hafen, welche der König sich auch nicht will abkaufen lassen. Durch Zollgrenzen die Stadt und die kleinen Enclaven außerhalb enge und strenge umschnürt; außerdem Weichselzoll bei Fordon. Die Radaune der Stadt fast ganz entzogen, die Güttländer Fähre anfangs weggenommen; Scherereien wegen entlaufener Cantonisten; viele Schulzen ꝛc. gefangen weggeführt. — Stolzenberg, Altschottland, Schiblitz und St. Al- brecht zu einer gemeinsamen Immediatstadt erhoben, mit c. 1100 Häusern und 7000 Bewohnern; Rathhaus ꝛc. auf Stolzenberg 1783.

1773. Wegen des Hafens soll der russische Graf Golowkin einen Vergleich vermitteln, doch umsonst, da Friedrich von Abkaufen der Ansprüche nichts wissen wollte. — Mich. Chr. Hanow †. (geb. in D. 1695, stud. dort auf dem Gymnasium, 1727 daselbst Prof. der Philos. und Mathem., Herausg. der „Erfahrungen".)

1774. Der gelehrte Professor Wernsdorf †. — Die von D. um Hülfe gegen Friedrich II. gebetene Kaiserin Katharina erkennt dessen An- sprüche auf den D. Hafen als begründet an. Gleichwohl beharrt die Kauf- mannschaft, die Gewerke und die 3. Ordnung beim Protest.

1775. In dem Handelsvertrage Polens mit Preußen wird D. als zu beiden nicht gehörig behandelt; seine Schiffe mit Waaren nach D. sollen bei Fordon 12 Prozent Zoll zahlen, dagegen die auf der Nogat nach Elbing gehenden nur 2 Prozent. Nun wurden die Waaren aus dem Hafen mit Umgehung der Stadt nach den vorher genannten Vorstädten in preußischem Besitze hingebracht und dort verkauft. Den Zoll im Hafen, der bis 20 Prozent stieg, nahm der König. — Auch an der Rothenbude ein Zoll (30—40 Prozent!) von allen von D. nach Elbing gehenden Waaren ge- nommen. Neue Messe in Altschottland eingerichtet, um den D. Dominiks- markt zu ruiniren; alle von diesem gebrachten Waaren mußten auf preußi- schem Gebiete 4 Prozent bezahlen. Die Repressalien erzürnten Fr. so sehr, daß der Rath sie bald wieder aufgab. — Die Zahlen-Lotterie zum Besten der Armenhäuser verpachtet.

1776. Fr. kauft von der Familie v. Weiher das adlige Gut Lang- fuhr bei Danzig, um die Stadt durch neue Zollschranken noch mehr zu be- engen. — Gewaltthätigkeiten der preußischen Beamten.

1777. Die ansehnliche Bibliothek und Münzsammlung des Bürger- meisters Schwartz kommen an die Stadtbibliothek.

1778. Die Naturforschende Gesellschaft giebt den 1. Band ihrer Abhandlungen heraus.

1779. Helaer und Putziger Fischer versuchen wieder die Norderfahrt bei Weichselmünde, um in die W. und zur Stadt zu gelangen, werden aber von den preußischen Zollbeamten gezwungen, die Nordwest-Einfahrt zu benutzen und Zoll zu entrichten. — Der treffliche Medailleur Dubut † (geb. 1712 in München). —

1780. Der Rath wendet sich bittweise an Kaiser Joseph und Kaiserin Katharina, die in Mohilew eine Zusammenkunft haben, erhält aber nur eitle Vertröstungen. — Ansichten von D., von Matth. Deisch.

1782. Der preußische Oberst v. Pirch in Tiegenort und andern Orten gewaltthätig, wurde von Fr. auf Verwendung von Katharina abberufen. — Da es Sitte wurde, die auf der Weichsel herabkommenden Güter am Ganskruge vor der Stadt anzuhalten und sie (zum Schaden der Stadt) über Schottland oder über Schellmühl landwärts weiter zu führen, so wurde der Weg durchs Bauamt trotz aller Drohungen gesperrt.

1783. Zwei Fahrzeuge mit Getreide, die jenen Weg benutzen wollten, werden auf Befehl des Rathes am Blockhause angehalten und zurückgewiesen, auch durch Wachen andere verhindert. Dies nannte man in Berlin „grobe Beleidigung des Königs." Die preußische Besatzung auf dem Holm mußte jedem D. Schiffe den Durchgang wehren, ja die Stadt wurde blockirt. Endlich vermittelte wieder Kath. Verhandlungen mit Friedrich's Beauftragten in Danzig. Die Blockade Anfangs 1784 aufgehoben. Stipulation in Warschau: Preußische Unterthanen haben zu Wasser und zu Lande freien Waaren-Transport durch D. Gebiet unter gleichen Abgaben wie die D.; die Ausfuhr polnischer Güter aus Neufahrwasser ist nur den D. gestattet. Einfuhr ist beiden Theilen erlaubt; die Stadt darf aber von preußischen Unterthanen nicht mehr Zoll erheben, als der preußische beträgt; Kriegsbedürfnisse, Salz und Taback bleiben unverzollt. — Strenger Winter.

1785. Der Vertrag nach vielem Widerstreben des Rathes endlich angenommen; doch seine Auslegung, daß er die 10 Prozent mehr bei Fordon am Blockhause ausgleichen dürfe, erregten Friedrich's Zorn, und er bestand trotz Katharina's Fürsprache auf der Zurücknahme, wodurch der Handelsverkehr und der Wohlstand der Stadt vollends litt.

1786. Die Sternwarte auf dem Bischofsberge aus dem Vermächtnisse des 1784 hier verstorbenen Dr. Nathanael Mathias v. Wolf für 4000 Ducaten erbaut. — Friedrich II. †, ihm folgt sein Neffe Friedrich Wilhelm II.

und die D. wünschen ihm durch eine feierliche Deputation Glück zu seiner Thronbesteigung.

1787. (28. Jan.) Der hundertjährige Todestag, zugleich Geburtstag, des berühmten Hevelius feierlich begangen. König Stanislaus schenkt dem altstädtischen Rathe, dessen Mitglied H. war, eine dazu gefertigte Bronce-Büste desselben.

1788. Zur Abstellung des Straßenbettelns durch Kaufmann Selke u. A. ein Armenhaus eingerichtet (monatliche Hauscollecten bis 1819). — Umformung der Bartholomäus- und der Barbara-Schule, 1791 der Katharinenschule. — Der berühmte Naturforscher Gottfr. Reyger †; 1790 der Freih. Zorn von Plobsheim ɪc. — Die „Fischerthor'sche Ressource" gestiftet, 1790 die R. „Concordia." — Die Getreide-Zufuhr betrug 1759 nur 15,836 Last, 1782 gar nur 9,019 und 1788 nur 11,885 Last, dagegen 1764 und 69 über 50,000 Last, und 1768 sogar 57,000 Last. — Der Philosoph Arthur Schopenhauer in D. geboren.

1790. Der Artushof (Börse) renovirt. — Der preußische Minister v. Hertzberg, der D. schon 1773 gerathen hatte, sich Preußen zu unterwerfen, bringt bei dem Congresse zu Reichenbach diese Lieblings-Idee wieder vor, indem er für die preußische Besitznahme von Danzig und Thorn die östreichische von türkischem Gebiete, gegen Herausgabe Galiziens an Polen, vorschlägt, aber Oesterreich, England, Holland, auch die Polen sogar sind dagegen.

1791. Hertzberg, nachdem er England und Holland für seinen Plan gewonnen, erneuert die Vorschläge, nochmals vergebens.

6. Danzig unter preußischer, und als nomineller Freistaat unter französischer Herrschaft.

1793. Zweite Theilung Polens; schwache Declaration des Königs von Preußen am 24. Febr., er müsse D. besetzen „wegen seiner oft bewiesenen feindlichen Gesinnung, und weil sich jetzt dort eine boshafte und grausame Rotte eingenistet, die von Verbrechen zu Verbrechen fortschreite. Einer dieser Verbrecher (Garnier), nachdem er das Gift seiner Grundsätze vergeblich unter

einer glücklichen und treuen Nation auszustreuen versucht, habe ganz unge=
scheut in D. Zuflucht gefunden." — Die Truppen des Generals von
Raumer rückten am 8. März an die äußeren Stadtthore und sperrten sie
und die Weichsel. Aufforderung, eine Deputation aller 3 Ordnungen zu
ihm zu senden, ihm den Bischofsberg, den Hagelsberg und Weichselmünde zu
übergeben, allen Handelsverkehr mit Frankreich abzubrechen, und sich binnen
24 Stunden darüber zu erklären. Zusammenrottungen und Unruhen auf
den Straßen, die Frist um 2 Tage verlängert; am 11. März Erklärung
freiwilliger Unterwerfung von Seiten des Rathes. Wegen Weichselmünde zu
große Bedenken und Fortdauer der Blockade. Wilde Pöbelscenen am Neu=
garter Thore und am Rathhause, von den bewaffneten Bürgern kaum be=
schwichtigt. Vierte Verhandlung am 19. März vergeblich, die Stadt enger
eingeschlossen. Letzte königliche Erklärung den Deputirten in Schiblitz mit=
getheilt: der General soll die Außenwerke und Weichselmünde sammt der
Stadt selbst besetzen; die Bewohner dieser sollten vom Kriegsdienste, die
Rechtstadt von Natural=Einquartierung frei sein; Hafen= und Stapelrecht
nebst sonstigen Handelsfreiheiten wurden gewährleistet. Der General for=
derte binnen 24 Stunden die Einräumung des Neugarter Thores, binnen
3 Tagen die aller Festungswerke. — Uebergabe am 28. März; Lärm und
Toben von Stadtsoldaten, Matrosen 2c., Schießen mit Gewehren und Ka=
nonen auf die einrückenden Preußen am Neugarten 2c., endlich mit Kanonen=
schüssen vom Hagelsberge erwiedert. Endlich nach mehrtägigem Kämpfen
am 4. April ungestörter feierlicher Einzug der preußischen Truppen, und am
7. April Huldigung. — Einwohnerzahl 36,700. —

1794. Monument für Dr. Wolf neben seinem Grabe auf dem Bi=
schofsberge von der Naturforschenden Gesellschaft errichtet. — Danzigs Han=
del, von den Hemmnissen befreit, blüht schön wieder auf sammt den Gewer=
ben. — Neuer städtischer Magistrat: 1 Präsident, 1 Polizeimeister, 2 Bür=
germeister und 11 andre Mitglieder. — Das Haus für die Regierung und
Accise=Direction auf Langgarten und der Schäferei erbaut, fertig 1797.

1795. Anfang der Dünenbepflanzung durch Björn. Dritte Thei=
lung Polens, Entsagung des Königs Stanislaus (später als Schwiegersohn
Ludwigs XV. zum Großherzoge von Lothringen ernannt). Die südliche
und südöstliche Vergrößerung des preußischen Staates für D. sehr vortheil=
haft. Wachthaus auf dem Fischmarkte gebaut. Beleuchtung der Straßen
der Altstadt. — Die Zahlen=Lotterie aus Schiblitz (früher Langfuhr) in die
Stadt verlegt.

1797. Plan des Gymnasiasten Bartholdy, mit Hülfe von Matrosen,

Sackträgern 2c. die Wachen zu entwaffnen und die Stadt zu befreien; Versammlung in der Beutlergasse, Entdeckung der Verschwörung, B. zum Tode
verurtheilt, einige Jahre auf der Festung gehalten, dann entlassen. —
Friedrich Wilhelm II. †; es folgt sein Sohn Friedrich Wilhelm III. unter
den heißesten Wünschen und den größten Erwartungen des Volkes.

1798. Der König und die Königin Luise auf der Huldigungsreise
nach Königsberg in O. und in Oliva; Ball im Artushofe, Illumination,
Halsschmuck von Bernstein 2c. — Der Artushof nach Beseitigung des
Schöppenstuhles getheilt. — Erbauung des neuen Theaters; erste Vorstellung
Mitte 1801. — Johann Reinhold Forster, berühmter Naturforscher und
Gefährte Cook's, früher Prediger in Nassenhuben, † als Professor in
Halle.

1799. Einsturz mehrer Häuser auf dem Schnüffelmarkte. — Im
Uebrigen rege Thätigkeit in Handel und Gewerbe; hohe Preise. (Weizen,
1754 die Last mit 122 Gulden bezahlt, kostete 1790: 720 Gulden.) —
Viele Kunstsammlungen von Privaten angelegt. — Die Schandsäule (der
Kaak oder die Wipp, auf dem Dominiksplan, am Theater) entfernt und
nach dem Legen-Thore verlegt.

1800. Besuch der kaiserl. russischen Prinzessin Marie und ihres
Gemahles, des Erbprinzen von Mecklenburg-Schwerin. — Louis Bonaparte,
Bruder Nap. und dann König von Holland, mehre Wochen in D. — Der
Schluß des Jahrhunderts in vielen Gesellschaften gefeiert.

Das Schauspielhaus 1798—1801 auf Actien (Kabrun 2c.) erbaut. —
Jean Bachmann Dir., wird reich, später ganz arm. — Zu den 2 Zuckersiedereien kommt noch eine von Henrichsdorf.

1801. Englische Flotte friedlich auf der Rhede, während des Krieges zwischen Frankreich und England. — Der berühmte in D. geborne
Kupferstecher Dan. Nik. Chodowiecki † in Berlin als Director der Akademie
der Künste. — Furchtbarer Sturm im November. — Die v. Conradi'sche
Erziehungs-Anstalt in Jenkau und ein Schullehrer-Seminar eingerichtet.

1802 f. Erbauung der neuen Schleuse in Neufahrwasser, bis 1805.
Die Getreide-Ausfuhr betrug 85,183 Last.

1803. Die frühere Enveloppe (Wall) von Weichselmünde bis 1805
wieder hergestellt. Der gelehrte Rathsherr und Historiker Joh. Uphagen
(geb. 1731 in D.) †, hinterläßt eine sehr werthvolle Bibliothek. — 1903 Schiffe
eingelaufen, 1836 ausgegangen. Getreide-Ausfuhr 68,282 Last. — Das

Glockenthor abgebrochen. — Bezeichnung der Straßenecken mit Namen auf Tafeln. — Die Hauptwache unter der Halle am Langgasser Thore eingerichtet.

1804. Die Speicherinsel mit Laternen beleuchtet, und die Ecken auch ihrer Straßen mit Namen bezeichnet. — Starker Eisgang. — Das altstädtische Rathshaus zum Stadtgerichte und das Gewölbe des Langgasser Thores zur Kunst= und Handwerksschule eingerichtet. — Das schadhafte Milchkannenthor zum kleinen Theile abgetragen. — Die Promenade innerhalb Neugartens mit Linden bepflanzt, der Weg nach dem Petershager Thore deßgleichen. — 12,000 Gulden Vermächtniß zur Verschönerung (!) des Hauptaltars in der Pfarrkirche verwendet. — Getreide=Ausfuhr 55,220 Last; im nächsten Jahre fast soviel.

1804 u. ff. Glückliche Jahre für D. und seinen Handel. — Die Promenade auf Neugarten angelegt. Die Kunst= und Handwerksschule errichtet. — Joh. Jac. Minoch aus Elbing, Rector in Fahrwasser, Schriftsteller, nachher Rath bei der Lotterie=Direction in Warschau, †. (Seine Frau Maria, geb. Schmidt, auch Schriftstellerin, geb. aus Neufahrw., 1777—1799.)

1805. Neue Schleuse in Neufahrwasser. Broschke's Landstraße dorthin 1803—5 auf seine Kosten auf dem sumpfigen Weichselufer erbaut. — Einwohner 44,500.

1806. Schlacht bei Jena und Auerstädt. Die flüchtige königliche Familie in Danzig; flieht (nach Hohenlohe's Capitulation mit dem Ueberreste des preuß. Heeres) weiter nach Königsberg und dann nach Memel. In D. eine Besatzung von 21,700 Mann, darunter 4800 Russen. Durch Sperrung der Steinschleuse die Niederung bis gegen Müggenhal und Grebin hin unter Wasser gesetzt. Niederreißen des 2. Neugartens zu Weihnachten. — Die Getreide=Ausfuhr betrug nur 14,480 Last.

1807. Sieg der Russen bei Pultusk, ohne sonderlichen Erfolg. Kämpfe mit den nahenden Belagerungstruppen und polnischen Insurgenten schwächen die Besatzung. Trotz dem Siege bei Pr. Eilau Rückzug der Preußen aus dem Werder und nach mörderischem Kampfe aus dem eingeäscherten Dirschau. Abbruch der Häuser um die Stadt auf 800 Schritte, in Schidlitz, Stolzenberg und Altschottland. Praust nach tapferem Kampfe verloren, und das Werder bis zur Weichsel. Graf Kalkreuth Gouverneur. Weitere Niederbrennung der Vorstädte, auch des Klosters der Barmherzigen Brüder in Altschottland. Belagerung unter Marschall Lefebvre, Hauptquartier Pietzkendorf. Die Radaune abgesperrt. Neufahrwasser und Zi=

gankenberg glücklich vertheidigt, aber die Nehrung und die Verbindung nach Osten verloren. Verstärkung der Festungswerke. Zigankenberg verloren; die Kalkschanze wieder genommen, die Aller-Engel-Kirche und Hospital verbrannt, ⅓ der großen Allee abgehauen, beßgleichen der Irrgarten. Harte Kämpfe um die Schanze Bousmard. Dorf Weichselmünde verbrannt sammt der neuen Kirche. Bombenfeste Häuser für Reichere auf der Klapperwiese erbaut; der Theerhof ꝛc. geräumt; das Glockenspiel hört auf. Das Bombardement beginnt in der Nacht zum 24. April; das sichere Langgarten überfüllt mit Menschen. Die schmeichelhafte Aufforderung zur Capitulation von Kalkreuth abgelehnt. Der Holm und die Verbindung mit Weichselmünde verloren, der Feind schon dicht am Hagelsberge. Dankbares ermuthigendes Schreiben des Königs an D. Eine gekupferte englische Corvette will Geld und Munition nach D. bringen, läuft aber bei Legan auf den Grund und wird von den Franzosen erbeutet, „D. Leichenstein." Furchtbarer Angriff auf den Hagelsberg. 7000 Mann Besatzung, erschöpft, Proviant-Mangel (Rindfleisch 1 Thlr., Butter 1½ Thlr.), dagegen 60,000 Belagerer. Unterhandlung, ehrenvolle Capitulation für D. und Weichselmünde 24. Mai.

1807. Furchtbare Leiden der französischen Occupation; D. unter dem gleißenden Titel eines Freistaates ein Waffenplatz Napoleon's. Tafelgelder für die Offiziere, Contribution von 20 Mill. Francs, kein Nachlaß von dem in D. erschienenen Kaiser, die 27 reichsten Kaufleute müssen bürgen. Der Friede zu Tilsit reißt vom preußischen Staate die westliche und südliche Hälfte, auch Danzig, ab; dies wird mit einem Gebiete von 2 lieues im Umkreise „ein selbständiger Freistaat unter dem Schutze Preußens und Sachsens." Für diese Gnade Nap. verlangte der Gouverneur Gen. Rapp noch 10 Mill. Fr., und daneben für sich 1 Mill., und ernannte die 10 ersten Mitglieder des Rathes zu „Senatoren", welche noch 8 dazu und das Schöppengericht erwählten. Furchtbare Last der Einquartierung seit Mitte Juli; kostspielige Geschenke und Feste. Eine Deputation mit der Bitte um Ermäßigung geht an Nap. bis nach Paris, wird dort 9 Monate hingehalten und kehrt ohne Erfolg zurück. Lange Unterhandlungen über das Territorium (lieues oder milles?), von welchem Neufahrwasser ausgeschlossen war. Gezwungene Anleihen nach Vermögensschätzung, Rapp droht mit Gewaltmaßregeln. — Das Dominikaner-Kloster zum Militär-Lazareth eingerichtet. Das „jüngste Gericht" nach Paris gebracht. — Die 3 Zuckersiedereien machen glänzende Geschäfte, besonders nach Neu-Südpreußen (Warschau ꝛc.)

1808. Rapp's Gemahlin überaus prächtig empfangen. Große
Feuersbrunst am altstädt. Graben, von den Franzosen zum Plündern befördert; der große Kameelspeicher als unwillkommne Kaserne von ihnen an-
gezündet. Auf Verlangen Rapp's wird zur Leitung der Communal-Ge-
schäfte der Prof. und Justizrath Dr. Hufeland aus Landshut berufen mit
12,000 fl. Gehalt, der den Code Napoléon als Hülfs-Gesetzbuch einführt,
sonst aber wenig leistet, viel kostet. — Angekommene Schiffe nur 32, und
davon 13 nur mit Ballast. Andriel's spitzbübische Machinationen schädigen
vollends die Schiffahrt. Große Unzufriedenheit mit den immer noch steigen-
den Abgaben und Erpressungen; Executionen; der Senator John Labes auf
die Festung W. geschickt; für Rapp eine Sommerwohnung in Oliva prächtig eingerichtet. Seine Idee einer neuen Constitution für D. nicht ausgeführt; glänzendes Abschiedsfest bei seinem Abgange zur Armee gegen Oestreich.
— Reichardt's Skizze über D. — (Die ältere Städteordnung für die preußische Monarchie durch Stein, 19. Nov.)

1809. Rapp's Stellvertreter Grabowski fährt in seinem Sinne fort.
Schwache Besatzung von 2500 Mann; Hufeland mustert in der großen
Allee die Bürgermiliz, fürchtet aber, die Stadt den Oestreichern übergeben
zu müssen. Das Kloster Oliva zum Militär-Lazareth eingerichtet.

1810. Rapp zurück. Freudenfest; neue Bepflanzung des Irrgartens.
Neue Erpressungen, Großmuth Rapp's auf Kosten der Stadt. Sie muß
180 Matrosen für die kaiserliche Marine liefern. Der Handel durch die
gegen England gerichtete Continentalsperre und durch Kaper ruinirt; daneben theure Licenzen zur Ausnahme. — Angekommene Schiffe 310, doch
258 nur mit Ballast.

1811. Geräuschvolle und doch zugleich betrügerische öffentliche Verbrennung englischer Güter. Die Franzosen verstärken wegen des drohenden
russischen Krieges die Befestigungen D. sehr eifrig und verbrauchen ganze
Waldstrecken bei Oliva 2c. zu Faschinen. Militär-Lazarethe im Jesuiten-
kloster in Altschottland und im Gymnasium (Franz.-Kloster) eingerichtet;
36 Speicher und andre Häuser belegt. Ein kaiserlicher Befehl verlangt
von der Stadt noch Jahres-Verpflegung für 16,000 Mann und 1000 Pferde
und außerdem für die halbe Garnison auf die Dauer. Belagerungszustand,
Rapp droht mit Einquartierung in die Häuser der Bürger. Die zwölfte
Zwangs-Anleihe erhoben! Wohnungssteuer, Gehaltszahlungen eingestellt,
die Geräthe der Kirchen genommen. 10,000 Last Getreide in den Speichern für die kaiserlichen Magazine requirirt. — C. Dippoldt, sehr geachte-
ter Prof. der Geschichte am Gymnasium, †. (geb. 1783.)

1812. Hufeland mit 22,000 fl. Jahres-Einkünfte zieht verschuldet ab. Das Unternehmen Nap. gegen Rußland bringt 80,000 Mann aus allerlei Nationen nach D., Napol. selbst erscheint ohne Umstände am 7. Juni Abends, bald nach Mürat, und antwortet auf die bringendsten Vorstellungen: Cela s'arrangera! An Rapp's Stelle Gen. La Grange. Eine englische Flotte von 23 Kriegsschiffen bombardirt Neufahrwasser. Furchtbare Zertrümmerung der „großen Armee" Nap. in Rußland. Am 31. Decbr. Belagerungszustand in D. — Das verkommene akademische Gymnasium durch Trendelenburg in ein gewöhnliches verwandelt (ausgeführt 1817). Der in D. geborne berühmte Historiker v. Archenholtz †. (geb. zu Langfuhr 1745.)

1813. Die jämmerlichen Trümmer des 10. Armee-Corps (Macdonald), von dem sich die Preußen (York) schon losgesagt haben, treffen allmählich großentheils in D. ein, zusammen gegen 36,000 Mann allerlei Nationen, darunter kaum 10,000 noch brauchbar. Die Kosacken verbrennen Rosenberg. Langgarten stark belegt, weil die Inundation hier durch den starken Frost vereitelt war. Ende Febr. 15,000 kranke Soldaten in D., Typhus. Langfuhr verloren, mit Noth wiedergewonnen und stark befestigt. Neue Steuern; die Rationen verkleinert. Hungersnoth. Die Radaune von den Russen gehemmt. Eisstopfung bei Legan, große Ueberschwemmung und Zerstörung durch die Weichsel. Feuersbrünste. Vordringen der Russen gegen Langfuhr, Ohra, Rückfort und Heubude; sie wurden überall, auch aus Altschottland, zurückgedrängt. Pferde und todte Thiere verzehrt. Glücklicher Ausfall nach St. Albrecht mit einiger Beute, deßgleichen in die Nehrung. Schon 18,000 kranke Soldaten in D. Neue Lieferungen verlangt, wegen Widersetzlichkeit dagegen 28 angesehene Bürger fortgeschleppt, größtentheils nach Weichselmünde. Fortgesetzte Belagerung durch 40,000 Mann unter dem Herzoge Alexander von Würtemberg nebst 8000 preußischen Landwehrmännern unter dem Grafen Dohna, sowie 100 russischen Kanonenböten. Heftiger Kampf um Schidlitz und Stolzenberg. Achtwöchentlicher Waffenstillstand der Alliirten mit Nap.; D. erhält Verproviantirung für 17,000 Mann und 3000 Pferde. Theurung (Butter 2 Thlr. 2c.), ekelhafte Nahrung, Verhungerte, während die französischen Offiziere schwelgten. Das Abziehn der Einwohner hindert der Herzog. Erneuerung der Feindseligkeiten; Strieß 2c. genommen; Langfuhr, Ohra 2c. durch Feuer verwüstet. Wolkenbrüche, Ueberschwemmung der Weichsel; große Menge von Hechten. Der Scheffel Weizen kostet 40 Thlr. Neue Lieferungen und Steuern. Bombardement der Kriegsschiffe gegen Neufahrwasser. Stadtgebiet genommen, Bombardement gegen die Stadt, besonders die Speicher; furchtbare Feuers-

brunſt und Räuberei dabei. Der Reſt von Stadtgebiet und Schidlitz ver=
brannt. 173 Speicher in der Stadt (an ſich 2 Mill. Thlr. werth) ver=
brannt mit ſehr großen Vorräthen. Unzuverläßigkeit der 5000 Nichtfranzoſen
unter der Beſatzung von 17,000 Mann. Immer wieder Feuersbrünſte durch
das Bombardement. Endlich Einſtellung der Feindſeligkeiten, Capitulation
(29. Nov.): Die Franzoſen bleiben bis zum 2. Jan. in D. und ziehen dann
in ihre Heimath. Der König verlangt aber ihre Kriegsgefangenſchaft; neue
Unterhandlung, zweite Capitulation am 29. Decbr.

1814. Die Franzoſen außer den Offizieren ſtreckten am Hagelsberge
die Waffen (2. Jan.) und zogen nach Rußland in Gefangenſchaft, 5200 Mann;
die andern (9200) gingen frei aus. — Durch das Bombardement waren 112
Häuſer und 197 Speicher zerſtört, 1115 Gebäude beſchädigt. Der Herzog
zieht (von Pelohnken) mit 14,000 Mann ein. Te Deum und Illumination.
— Die Unkoſten der franzöſiſchen Occupation betrugen für die Stadt
37,650,000 Gulden. Seit 1807 waren in der Stadt 1120 Häuſer zerſtört und
1727 beſchädigt, im Territorium 746 zerſtört und 2223 beſchädigt, der Ver=
luſt an Vieh betrug 786,757 Thlr.

Beihülfe für die Verluſte vom In= und Auslande. Einführung der
preußiſchen Städte=Ordnung, Beſeitigung der bisherigen freiſtaatlichen Ver=
hältniſſe. Neuer Magiſtrat, unter dem Oberbürgermeiſter von Weickhmann.
360 junge D. ziehn in den Freiheitskrieg und werden großentheils von den
Mitbürgern ausgeſtattet. — Orkan im Septbr. — v. Schön, Ober=Präſident
von Weſtpreußen, macht viele nützliche Einrichtungen. — Eröffnung des kön.
Bank=Comptoirs. — Die gereinigte Katharinen=Kirche wieder dem Gottes=
dienſte geweiht, dann auch die Barbara=Kirche. — Der reiche Kaufmann
Jac. Kabrun †, nachdem er ſeine Bibliothek und Gemälde=Sammlung nebſt
einem Capital zur Gründung einer kaufmänniſchen Lehranſtalt der Stadt
vermacht hat. — Die engliſche Kornbill dem D. Handel ſehr nachtheilig,
ſo wie die Zunahme des überſeeiſchen Handels von Warſchau. Abnahme
der ſeit 1806 geſtiegenen D. Rhederei.

1815. Erbhuldigung vom Landhofmeiſter von Auerswald entgegen=
genommen am 3. Aug. — Stiftung der Bibelgeſellſchaft. — Am 6. Decbr.
furchtbare Exploſion des Pulverthurmes beim Baſtion Jakob; die Jakobs=
kirche faſt zertrümmert, die Bartholomäus=K. ſehr beſchädigt nebſt 550 Ge=
bäuden. Unterſtützungen von allerwärts, zuſammen 165,765 Thlr. —
Löſchin's Zeitſchrift „Gebana", als Wochen=, dann als Vierteljahrſchrift,
bis 1816. — Regulativ über den Wiederaufbau der von Rapp beſeitigten
Buden auf der Langen Brücke.

1816. Die Regierung des D. Bezirkes, das Consistorium und das Ober=Präsidium für Westpreußen eingesetzt. — Die „Friedensgesellschaft" gestiftet zur Unterstützung talentvoller studirender Jünglinge aus Westpreußen. — Das „jüngste Gericht" aus Paris zurück, in der Pfarrkirche wieder aufgestellt.

1817. Das hergestellte Gymnasium mit der Marienschule vereinigt. — Die Navigations=Schule eröffnet, mit astronomischem Observatorium. — Hufeland, früher Oberbürgermeister von Danzig (s. 1808) †, nachdem er, wie früher in Jena, Göttingen, Würzburg, Landshut, so zuletzt in Halle Professor der Rechte gewesen; geb. in Danzig 1760.

1818. Furchtbarer Orkan im Jan. — Die lateinische Kirchenschule zu St. Peter in eine höhere Bürgerschule verwandelt. Die höhere Töchter=schule organisirt. — Verein zur Rettung in Feuersgefahr. — Rettungs= Anstalt für im Wasser ꝛc. Verunglückte. — Schiffe 900 eingelaufen, darunter 360 aus England. — Die Schützengilde erhält ihren Schießgarten wieder. — Die vorzügliche Sängerin Helena Harlaß, geb. in D. 1786 (?), in Mün= chen als Hofsängerin angestellt, einige Jahre mit dem kön. Generalsekretär von Geiger verheirathet, dann geschieden und zur Bühne zurückgekehrt, †. Graf Kalkreuth, Vertheidiger D., geb. 1737, zuletzt Gouverneur von Ber= lin, †. —

1819. Elementar= und Pauperschulen vermehrt und erweitert, auch im Landkreise. Das Conradinum in Jenkau in ein Schullehrer=Seminar ver= wandelt. — Erste Chaussee von Praust nach D. — Der Mißmuth der nie= deren Bürgerclasse über die Gewerbefreiheit äußert sich in mehren Tumul= ten gegen die Juden. („Hep! Hep!") — Einwohner in Stadt und Vor= städten 49,392. Vier neue Kirchhöfe angelegt am schwarzen Meer und am Hagelsberge. — Das Mennoniten=Bethaus erbaut.

1820. Das Hebammen=Institut aus Elbing wieder nach D. verlegt. — Erster Band der neuesten Schriften der Naturforschenden Gesellschaft. — „Ansichten der D. Schaubühne" von A. Momber, im Verlage von Alberti, bis 1821. — Die seit 1807 sehr heruntergekommene, aber seit 1817 schön erblühte Industrie D. wird höchlich geschädigt, besonders die Weberei, durch die russischen Einfuhr=Verbote. — Lefebvre, Herzog v. Danzig, geb. 1756, Marschall von Frankreich, 1815 entsetzt als Anhänger Napoleons, dann restituirt, †, nachdem seine 12 Söhne alle vor ihm gestorben.

1821. Die Sparkasse angelegt. — Die Jakobskirche zur Aufnahme der Stadtbibliothek eingerichtet. — Die Petri= und die Trinitatis=Kirche hergestellt und dem Gottesdienste wiedergegeben. — Erste Kunst-Ausstellung, für Gemälde und Handarbeiten. — Das Theater vom Könige angekauft für 12,000 Thlr. — Die Zeitschrift „Der Aehrenleser" (bei Alberti, nachmals Lohde), herausgegeben, bis 1825.

1822. Die Liedertafel durch Cand. (nachher Archidiaconus) Kniewel gestiftet. — Die Bank hilft zahlreichen und bedeutenden Handelshäusern aus der Geldklemme. — Die Schiffahrt von 900 eingelaufenen Schiffen wieder auf 483 gesunken. — Juden-Krawall wegen der neu hinzugekommenen Buden auf dem Dominiksmarkte. Tumult der Speicherarbeiter wegen herabgesetzter Tagelöhne. — Gottesdienst der engl. Episkopal-Gemeine, hörte aber schon 1824 wegen geringer Betheiligung auf. — Die Allee auf Langgarten gepflanzt.

1823. Erstes geistliches Concert von Reichel im Artushofe. — Die Kirchen zu Ohra und Weichselmünde erbaut. — Das Monument für Zach. Zapp in der Johannis-Kirche restaurirt.

1824. Cabinetsordre über die Tilgung der Schulden aus freistädtischer Zeit (12,280,845 Thlr.): die Stadt selbst soll außer der Beihülfe des Staates jährlich 17,558 Thlr. abzahlen. — Musikschule von Igner errichtet. — Schiffe angekommen 824, ausgegangen 816. Rhederei: 54 Schiffe mit 12,200 Normallasten. Starke Ausfuhr von Holz und Mehl (53,575 Tonnen). — Neues Reglement über die fremden Verkäufer beim Dominiksmarkte. — Besuch des Kronprinzen, Thé dansant im Artushofe. — Der frühere allbeliebte Schauspieldirector Jean Bachmann † in Armuth. — Die Provinzial-Gewerbeschule gestiftet, (erweitert 1834 und 1852). — Neues Local der Navigationsschule.

1825. Durchbruch der Alten Radaune bei Nobel. Trendelenburg, 28 Jahre Professor der griechischen Sprache am Gymnasium, Verfasser einer vielgebrauchten griech. Grammatik, Gründer des Schullehrer-Seminars und Reformator des Gymnasiums, Senator, Stadtrath, vielfach um D. verdient, †. (geb. in Lübeck 1779.) — Der Instrumental-Verein durch Igner und Nagel gestiftet. (47 Personen.) — Reichel führt im Artushofe Schneider's „Sündfluth" auf. — Rhederei: 67 Schiffe mit 12,309 Last. Angekommen in D. 1159 Schiffe, 1047 Stromfahrzeuge und 814 Traften Holz, ausgegangen 1180, darunter 857 ganz und 86 zum Theil mit Holz beladen. Getreide-Export gegen 800,000 Scheffel, Mehl 12,300 Tonnen, Asche 4048 Ctr. und 7245 Tonnen. — Die Bestimmungen des Wiener Friedens von 1815 über freie Handelsbeziehungen zwischen den Staaten der

heil. Allianz werden dahin abgeändert, daß gegenseitig (besonders zum Scha=
den Preußens) zugestandene Beschränkungen eintreten. — Fall bedeutender
Handelshäuser in D., so wie schon 1821. — Der Leuchtthurm in Hela
erbaut.

1826. Der in D. 1768 geborne Satiriker und Menschenfreund
Joh. Falk † in Weimar. — „Kallisto", Wochenschrift für die Badeörter
Zoppot und Brösen (von Ertel=Philotas), 2mal wöchentlich; hörte bald auf.
— Besuch des Kronprinzen; auf dem Johannisberge die „Kronprinzen=
Eiche" gepflanzt. — Angekommen 1010 Schiffe, ausgegangen 998. Ge=
treide=Ausfuhr 24,600 Last. Rhederei: 72 Schiffe mit 14,934 Normallasten.
— Die bisher schlechte Oper gehoben durch den Mus.=Dir. Marschner und
seine Frau als erste Sängerin (Tochter des Schauspielers Wohlbrück).
Die Salvatorkirche (1807 Pulvermagazin) wieder eingeweiht. — Einwohner
in der Stadt 60,132, im Landkreise 44,104. — Der evang. Missionsverein
gestiftet. — Das Stadt=Lazareth erhält einen eigenen Ober=Arzt.

1827 ff. Zeitschrift „Der Gesprächige" (mit Kritiken und Gedichten
von Felß). — Consist.=Rath und Superint. Bertling †. (geb. 1754.) —
Die Façaden des Langgasser Thores renovirt bis 1828. — Hohes Wasser
im März: die Mottlau in der Stadt überschwemmt die Langebrücke und
den Fischmarkt, ꝛc. Raubmorde des Taube und seiner Frau; beide er=
hängen sich im Gefängnisse. — Erste Schnellpost von D. nach Königsberg.
— Rhederei: 72 Schiffe. Angekommen 991, ausgegangen 974. — Einwohner
im Stadtkreise 55,669, im Landkreise 52,165. — Stiftung des Sicherheits=
vereines wegen großer Unsicherheit. — Das Fischerthor abgebrochen. — Bau
der Defensions=Kaserne auf dem Bischofsberge, fertig 1832.

1828. Besuch des Kronprinzen. Stiftung des Gewerbe=Vereins
durch Oberl. Nagel, (entstanden aus dem 1825 gestifteten V. für Verbreitung
von Naturkenntniß und höherer Wahrheit). Statut vom 17. Jan. 1829.
Zuerst 20 Mitgl., bald 96, am Schlusse des Jahres 133. In 3 „Conventen"
wurden 53, 32 und 36 Schüler (121) in Religion, Schreiben, Zeichnen,
Rechnen, Geometrie und Naturlehre unterrichtet. — Das Fischerthor abge=
brochen. — Rhederei: 76 Schiffe mit 16,000 Normallasten. Angekommen
1042, ausgegangen 1058. — Einrichtung des Hebammen=Instituts. —
Erste Park=Anlagen auf dem Johannisberge bei Langfuhr.

1829. Der Handel nimmt einen neuen Aufschwung. — Weichseldurch=
brüche bei Gemlitz und bei Güttland beim Eisgange; Weichselmünde sehr
beschädigt; die Niederstadt hoch überschwemmt; gegen 6000 Stück Vieh ver=

loren; Unterstützung für die Beschädigten von nah und fern, c. 100,000 Thlr. und Sachen wohl von gleichem Gesammtwerthe. Armenspeisung. — Communal-Einnahme 342,000 Thlr., Ausgabe 302,000 Thlr. (ungefähr so auch in den folgenden Jahren. — Favrat, tapfrer Vertheidiger des Hagelsberges, dann Commandant von Colberg und Magdeburg, 1820 commandirender General in Münster, †.

Zunahme des Gewerbe-Vereins; im ersten Winter hielten 7 Mitglieder 26 Vorträge. — Zu den 2 Zuckersiedereien kommen noch 2 hinzu, in welchen jährlich 12,000 Ctr. Rohzucker versiedet wurde.

1830. Furchtbar strenger und anhaltender Winter; viel Noth. Zahlreiche Diebstähle, viel Unzucht (über 600 Dirnen, 240 geheime Locale). — Ausbau des Grünen Thores beschlossen, (auf welchem seit 1746 die Naturf.-Ges. ihre Sammlungen und Versammlungen hatte) mit Beseitigung der Giebel. — Verein zur Besserung der Strafgefangenen und der verwahrlosten Kinder. — Frauen-Verein zur Bildung guter Dienstboten. — Kaufm. Gorges †, nachdem er ein großes Vermögen vermacht, damit alte verarmte Kaufleute oder deren Angehörige, so wie Erblindete, jährliche Unterstützungen von 36 bis 72 Thlr. erhalten. — Die „Abendzeitung" geht nach 3 Monaten wieder ein. — Communal-Etat c. 300,000 Thlr. — Die Zahl der Gestorbenen überstieg die der Geborenen. — Polnische Insurrection gegen Rußland, erfordert manche Sicherheitsmaßregeln. — Schönes Nordlicht. — Viel Fremde, besonders Polen in Zoppot. — Jos. Adam Breysig †, Director der Kunstschule, Erfinder der Panoramen, Verbesserer der Theater-Malerei zc.

1831. Die Cholera grassirte von Mai bis October. Militär-Cordon von Ende Juni bis Ende August, (längs der Rheda bis Neustadt zur Leba, diese hinauf zum Klobno- und Ostryz-See, an Dirschau vorbei längs der Weichsel bis zum Danziger Haupt, dann längs dem Nickelswalder Damme bis zur Ostsee), sehr hinderlich für Handel und Gewerbe.

Im Stadtkreise erkrankten 1456, starben 1063, genasen 393.

Landkreise 960, 546, 354.

Die russische Regierung erbaut (zu Zwecken der kriegerischen Communication von Flotte und Landheer) die Chaussee von Brösen nach Neufahrwasser für 8000 Thlr. — 400 jähr. Jubiläum der Trinitatis-Kirche. — Das Zuchthaus (seit 1808, und vollends seit 1825 als Armen-Anstalt benutzt), wird an den Fiscus verkauft. — Communal-Einnahmen 382,000 Thlr., Ausgaben 357,000. Damals befanden sich im D. Polizei-Bezirk: 25 Kirchen und Bethäuser, 388 Gebäude für Staats- und Gemeinde-Zwecke, 5208 Wohnhäuser, 526 Fabrikgebäude, Mühlen und Magazine, 2331 Stallungen, Scheunen und Schoppen; unter den 54,000 Einwohnern waren 38,714 Evangelische, 13,059 Katholiken, 553 Mennoniten und 2334 Juden. Seit 1828 war die Zahl um 1009 vermindert. Während des Jahres kamen 413 Verbrechen zur gerichtlichen Cognition, und davon wurden 297 Thäter entdeckt. — Wilh. Schumacher begründet das „Danziger Dampfboot" dauernder und erregt großes Aufsehen durch seine Muckeriana darin. — Die Mauer an den rechtstädtischen Fleischbänken gebaut.

1832. Commissionsrath Alberti, verdient um Literatur und Geschmacksbildung, (s. vorher) †. — Das Jäschkenthaler Wäldchen, einst Besitz des Kaufmanns John Labes († 1809), für 1500 Thlr. für die Stadt erworben, wird vom Stadtkämmerer Zernecke und dem Ingen.=Lieut. Lenz mit neuen Anlagen versehen und der Ergötzung des Publikums geweiht, auch zur Erhaltung 150—200 Thlr. jährlich ausgesetzt. — Das Thürmchen über der Hauptwache am Langgasser Thore abgebrochen und die kupferne Figur des h. Georg (Zeichen der einst dort hausenden Georgs-Schützen) beseitigt. — Die Handels=Akademie wird aus der Kabrun'schen Stiftung mit Zuschuß von der Kaufmannschaft ins Leben gerufen. — Russische Kriegsschiffe bringen 3000 Mann und 346 Kanonen für die Festung Modlin und ankern auf der Rhede. — 459 gefangene Polen nach Bordeaux und Algier eingeschifft. — Eine Wasserhose überschwemmt die Feldmark von Zugdam und zerstört viele Gebäude. — Die Gewerbeschule neu organisirt. — Geboren 1371, gestorben 1556 Pers. (Seit 32 Jahren starben 15,000 Personen mehr als geboren wurden.) Ein= und ausgegangene Schiffe 703; 34 Rheder besaßen 74 (Gibsone 8, Henrichsdorff 7, u. s. w.) — Ein interessantes Porträt von Copernicus aufgefunden. — Bischof Mathy von Kulm † (geb. 1765 als Sohn eines D. Kaufmanns). — Die Defensions=Kaserne auf dem Bischofsberge fertig, kostete 230,000 Thlr.

1833. Unsicherheit in Straßen und Häusern, Diebsbanden. — Viel Schnee. Die Alte Radaune durchbrach die Dämme an mehren Stellen. — Dampf=Bade=Anstalt v. Teschke. — Das Postgebäude (seit 1830 im Bau) vollendet. — Das Scheffler'sche Grundstück in Pelohnken kauft die Stadt für 24,764 Thlr. und richtet es zur Unterbringung von 300 Armen ein; zu den jährlichen Kosten (10,200 Thlr.) giebt sie 8000. — Das abgebrannte Brösen sammt der Bade=Anstalt hergestellt. — Ein Prediger in Neufahrwasser angestellt. — Vom Elbinger Musikdirector Urban wird im Marienburger Remter das erste preußische Musikfest veranstaltet unter sehr wesentlicher Mitwirkung von 44 Danzigern. (246 Personen activ, über 1000

Hörer; die „Schöpfung", die Sinf. eroica ꝛc.) — Wundervoller Mai mit anhaltend schönem Wetter, zahllosen Libellen ꝛc. Große Fruchtbarkeit. — Ein Versuch, auf Actien 40,000 Thlr. zu einer regelmäßigen Dampfboot=Verbindung mit Petersburg zusammenzubringen, gelingt nicht. — Oefterer Besuch auf den russischen Dampfern und Kriegsschiffen auf der Rhede. Der dänische Marine=Capitän Lied trifft aus Kronstadt in einem kleinen Ruderboote ein, und fährt trotz Sturm und Unwetter mit einem jungen Engländer so weiter nach Helfingör. — 630 gefangene Polen (vom Bischofs=berge) nach Nord=Amerika eingeschifft. — Eine große Zahl D. Handels=schiffe ging nach allen noch so entfernten Häfen aus. — Die Spendhaus=Kirche renovirt; deßgl. das neuere Zeughaus sammt dem Brunnen am alten.

1834. Unordnung und vermindertes Interesse im Gewerbe=Vereine (71 Mitgl.) Die kön. Provzl. Gewerbeschule unter Anger reorganisirt. — Das Bürger=Lösch=Corps. — Sehr heißer Sommer mit vielen Gewittern; starkes Leuchten des Meeres bei Zoppot ꝛc. Die Kolumbaczer Fliege dem Landbau sehr gefährlich. — Förderung der Dünenbepflanzung. — Urban's Musikfest in der Pfarrkirche. — Ausbau des Grünen Thores; die Natur=forschende Gesellschaft in der Jakobskirche untergebracht. — Das neue Post=gebäude für 30,000 Thlr. vollendet (seit 1831). — Der Grundstein zum neuen Gymnasium gelegt beim Besuche des Kronprinzen und seiner Gemahlin; Empfang in Oliva und Danzig, 3tägiger Jubel. — Geboren 1552 Per=sonen, gestorben 1395. — 641 eingekommene und 650 ausgelaufene Schiffe. — Die Kunst= und Gewerkschule unter Dir. Schultz. Stiftung des Kunst=vereins durch ihn, Gymn.=Dir. Engelhardt und Rentier Simpson.

1835. Der sehr thätige Commerzienrath Heidfeld †. — Die kleinen Anbauten an der Pfarrkirche beseitigt. — Der Gewerbe=Verein nimmt neuen Aufschwung. — Stiftung der litterarischen Gesellschaft durch Just.=Commiss. Martens. — Angelegtes Feuer in der Paradiesgasse, wobei 2 Soldaten verbrennen. — Röhren von Tempelburg nach Schidlitz für die seit 1807 verkommene Wasserleitung gelegt. — Dr. Brunatti † mit Hinterlassung eines Legates von 40,000 Thlrn. zu Gunsten seiner Entbindungsanstalt, zur Erziehung ꝛc. der darin gebornen bedürftigen Kinder. — Eine russische Fregatte ꝛc. (zusammen 17 Kriegsschiffe) erscheint auf der Rhede mit Trup=pen zur großen Revüe in Kalisch (darunter der Tambour=Major im Raths=keller, 7' 2" groß); Ausschiffung am 9. Aug. — Die russische Kaiserfamilie in D. den 16. Aug. — Die russischen Truppen, nachdem ihnen auf dem Rückmarsche in D. ein Ball am 8. Oct. gegeben, schiffen sich zur Heim=

reise ein. — Die Brücke des Hohen Thores neu gebaut. — Die Heil. Leich=
nams=Kirche renovirt.

696 Schiffe gingen ein und aus; 61 Danziger mit 13,143 Normal=
lasten; 149 Stromfahrzeuge mit 5295 Lasten. Fremde, über See und zu
Lande gekommen, sollen in diesem Jahre 35,972 hier gewesen sein. Das
Stadtlazareth enthielt durchschnittlich 400 Kranke, das Armenhaus (seit
1835 in Pelohnken) 300, das Kinderhaus 150, das Spend= und Waisen=
haus 163 Insassen, außer 225 auf dem Lande untergebrachten Kindern.
In den Freischulen waren 1400, in den Pauperschulen 400 Kinder, ꝛc. —
Im Herbste der Halley'sche Komet. Strenge Kälte, die See weithin ge=
froren. —

1836. Die kön. Windmühle auf dem Walle bei Langgarten brennt
ab. — Hoher Schnee ein paar Tage lang. — Neues Gefängniß am Stadt=
gerichte gebaut. — Das Ketterhager Thor abgebrochen. — Das Tempel=
burger Wasser bis in die Stadt geleitet. — Der (letzte) Abt von Oliva
und Bischof von Ermeland, Fürst Joseph von Hohenzollern †. — Erste
Ausstellung von Kunstgegenständen auf dem Grünen Thore. Erste Aus=
stellung des Gewerbe=Vereins mit hiesigen Erzeugnissen ebenda. (273, von
48 Einsendern.)

Große Garnison=Bäckerei mit 15 Oefen erbaut. — Der Bau eines
Bethauses in Neufahrwasser begonnen. — Neue Dampf=Oelmühle. — Die
große Mühle nach amerikanischer Weise neu eingerichtet. Starker Handels=
Verkehr mit Mehl und Holz. 856 Schiffe angekommen; 59 zur D. Rhede
gehörig, mit 12,913 Normallasten. — Die Sparkasse hatte 46,345 Thlr.
— Hexenprobe des Kaminski und Consorten an einer armen Wittwe zu
Ceynowa auf der Halbinsel Hela. — Wichtige Verbesserungen im städt.
Lazareth. (Apotheke, Wasserleitung ꝛc.)

1837. Hinrichtung des Brandstifters Tambour Usch, und später der
Kindesmörderin Rauberg. — Einweihung des neuen Gymnasial=Gebäudes
(51,000 Thlr., wozu der König 10,000 gab). — Heftiger Streit: ob
Classen=, oder Mahl= und Schlachtsteuer. — Neufahrwasser will eine eigne
städtische Commune werden. — Durchbruch der Alten Radaune ins Nieder=
feld. — Versuch mit einem artesischen Brunnen im Irrgarten. — Drewcke=
sches Fest in Jäschkenthal für die Kinder des Spend= und Waisenhauses
und die des Kinderhauses. — Neuer Altar der Barbara=Kirche nach Zeich=
nungen von Schultz.

Starker Getreidehandel, ungewöhnliche Thätigkeit beim Umschaufeln
auf der Przerapka. — Nebliger rauher Sommer; Cholera. An ihr

	erkrankten	starben	genasen:
im Stadtkreise	779	500	279
im Landkreise	57	29	68
von den Flissen	106	69	37.

Die ungeheuren Getreidemassen wurden zum Theil in Wohnhäusern und in Elbinger Speichern untergebracht. Die glänzenden Aussichten wurden getrübt und Stockungen veranlaßt durch Krisen in England und Amerika. — Große Möbelsendung nach Australien. — Sackträger-Strike. — Klage über Heimlichkeit der Communal-Verwaltung, sowie über geringe Theilnahme an ihr, namentlich an den Stadtverordneten-Wahlen. — Die Walkmühle vor dem Hohen Thore erbaut. — Der Brunnen am Zeughause (Jopengasse) reparirt.

Von verdienten Männern starben: der Dir. der Petri-Schule Nagel (Gründer des Gewerbe-Vereins 2c.), Consul Fromm, Med.-Rath Geiseler, Just.-Commiss. Felß (geistvoller Redner, Dichter, Kritiker, gen. Laroche), der Redacteur des „Danziger Dampfbootes" Wilh. Schumacher, ein Autobidact, Sattlergeselle, lebhafter Kopf, der nach mancherlei Versuchen jenes Blatt fester begründete, es aber zuletzt 1836 an die Gerhard'sche Buchhandlung verkaufte und bei geschwächter Kraft nur dem Namen nach leitete. Sein Nachfolger Dr. Lasker, gen. Julius Sincerus, debütirte weniger glücklich mit Cholera-Mitteln und kritischen Aufsätzen). Das für Sch. Hinterbliebenen von Schnaase und Botzon herausgegebene Wochenblatt „der Dampfwagen" (Opp zum Dampfboot) bestand nur das eine Jahr. — Der Missionsverein nimmt jüdische Kinder zum Unterrichte an; der Rabbiner Dr. Bram eifert dagegen, so wie gegen Ertel-Philotas. Erweiterung der jüdischen Freischulen und Vereinigung verschiedener jüdischer Wohlthätigkeits-Anstalten. — Kunst-Ausstellung (über 600 Nummern); Gewerbe-Ausstellung (64 Einsender). Der Gew.-Verein giebt „Gemeinnützige Blätter" heraus. — Der erste hölzerne Salon auf der Westerplatte erbaut. — Sehr viel Bernstein gefunden, ein schönes kunstfarbenes Stück 3 Pfd. 9 Loth schwer. — Durchbruch der Radaune bei Nobel. Schüddelkau durch Wolkenbruch und Hagelwetter sehr beschädigt. — Prächtiges Nordlicht am 28. Juli. Das Seewasser kühlte sich damals schnell von 22° auf 10° ab. — Zahlreiche Brandstiftungen, ein Anleger geköpft. D. Rhederei: 61 Schiffe mit 12,692 Normallasten. — Bürgermeister Joh. Wilh. Wernsdorff †. (geb. 1749.)

1838. Strenger Winter, die See bis Hela von Spaziergängern und Schlitten benutzt. Plötzliches Aufthauen Ende März, schlimme Abenteuer.

— Ueberschwemmung in der Nehrung bei Stutthof. — Ungeheure Massen Kartoffeln erfroren, Nothstand. — Die Tempelburger Wasserleitung (angef. 1836) vollendet. — Prachtvolle Fata Morgana 2. Mai; Nordlicht im Sept. — Säcularfeier des Katharinen=Glockenspiels. — Bauliche Verbesserung an der Katharinen=Schule. — Die Königl. Kapelle renovirt. — Die Matten=bubner Synagoge erbaut. — Verein zur Gründung von Kleinkinder=Be=wahr=Anstalten, Aufseher Director Dr. Löschin u. A. — Turn=Unterricht in Schulen begonnen. Die Leitung der städtischen höheren Töchterschule über=nimmt Schulrath Höpfner, die der Petri=Schule Dr. Strehlke. Die Direc=tion des Theaters erhält Laddey. — Die Constituirung des Mäßigkeits=Vereins durch Dr. Kniewel c. mißlingt. — Der Gewerbe=Verein zählt 217 Mitglieder. — Starker Handel mit Getreide und vollends mit Dauer=Mehl. Commerz.=Rath Witt richtet auch die kleinere Mühle am Sande amerikanisch ein, und eine Tonnenfabrik (100,000 Stück jährlich). Die Handlung Soermans und Sohn (Comm.=R. Heidfeld) erbaut in Bissau Ställe zur Mästung von 3000 Schweinen für den Fleisch=Export nach Eng=land, nebst einer Getreide=Schrotmühle. — Oelmühle eingerichtet. — Drewcke braut bairisches und Lagerbier. — In Zoppot 600 fremde Badegäste außer dem Dienstpersonale. — Johanna Schopenhauer, geb. 1766 (oder 1770) in D., Schriftstellerin, †.

1839. Mehre neue Fabrik=Anlagen. Gute Aussichten für den Han=del. — Statuten des Mäßigkeits= und Enthaltsamkeits=Vereines zu Praust. — Wolf's Denkmal (1813 sammt der Sternwarte zerstört) wieder herge=stellt. — Großes Doppelfest am 19. Febr.: Danzig vor 25 Jahren wieder preußisch, und Geh.=Rath von Weichmann ebensolang Oberbürgermeister von D. Ausflaggen, Glockenspiele, Predigt, Te Deum, Festmahl, Spei=sung c. — Neue Steintreppe vor dem Artushofe. — Abbruch des Zucht=hauses (seit 1823 Aufenthalt für Verbrecher und verwahrloste Kinder. — Sonnenfinsterniß am 15. März, auch vom Könige (mit Prof. Anger c.) auf Schloß Nutzau beobachtet. — Der frühere Jahrmarkt in Oliva er=neuert. — Einführung eines Predigers an der Jesuitenkirche in Altschott=land nach längerer Zwischenzeit. — Einweihung der beiden Schulen in Langfuhr, der evang. im frühern Palesche'schen und der kath. im Reinke=schen Hause. — Bildung einer altlutherischen Gemeinde (c. 70 Mitgl.) — Anlegung der Chaussee aus der „halben Allee" nach dem sehr besuchten Badeorte Bröjen.

1840. Gewaltiger Durchbruch der Weichsel (2. Febr.) durch die hohen Dünen bei Neufähr in die Ostsee; ein Theil des Dorfes fortgerissen.

Weichselmünde dadurch aus schlimmer Gefahr errettet; die unterste Weichsel von Plehnendorf an seitdem ein todter Arm, bald durch eine starke Schleuse gesichert, zugleich ein ruhiger Binnenhafen. — Befestigungen an der Schleuse und der neuen Einfahrt, welche aber bald wieder sich zu verflachen beginnt. — Sup. Linde † (geb. 1760). — 50jähr. Stiftungsfest der Kaufmanns-Ressource „Concordia zu den 3 Ringen." — König Friedrich Wilhelm III. („der Gerechte") † 7. Juni. Es folgt sein Sohn Friedrich Wilhelm IV. unter den besten Hoffnungen der Bevölkerung. — Die Kirche zu Gemlitz (die einzige kathol. im Werder) neu erbaut. — 400jähriges Jubelfest der Erfindung der Buchdruckerkunst; 25. Juli wird zum Gedächtniß ein offner Tempel im „Guttenbergs-Haine" in Jäschkenthal erbaut (als baufällig beseitigt 1850). — Der Zernecke-Platz zu Ehren des verdienten Stadtkämmerers Z. eingeweiht. Derselbe sehr thätig mit dem „Sicherheitsvereine" gegen die zahllosen Diebstähle und Räubereien. — König und Königin kommen von der Huldigung in Königsberg zurückkehrend nach D. 12. Sept. Beleuchtung der Festungsfronte Bischofsberg-Hagelsberg und des Hohen Thores, sowie der Stadt. Aufzug der Gewerbe, Ansprache am Anfange von Langgarten. Zugleich feierte Al. v. Humboldt, in Begleitung des Königs gekommen, seinen 71. Geburtstag unter großen Ehrenbezeugungen. — Pfarrer Landmesser an der Dominikaner-Kirche eingeführt. — Reparatur der Langenbrücke (die beabsichtigte Kai-Mauer unterlassen); deßgl. der Hinterfronte des Artushofes. — Reiche Ernte in der Provinz.

1841. Der Doppelweg um das Milchkannenthor eingerichtet. — Die Versammlung der Altlutheraner unter Ehrenström im Russischen Hause geschlossen. — Akazien von der Fortifikation auf den Wallgängen gepflanzt, deßgl. von Privaten auf Kneipab. — Stiftung des Verschönerungs-Vereins, Tempelchen und Anlagen auf der Höhe vor dem Petershager Thore. — Brösen, durch Chaussee mit D. verbunden, sehr besucht. — Die ev. Kirche zu Neufahrwasser gebaut und eingeweiht (Grundstein am 3. Aug. 1839). — Die Weizenmühle am Sande brennt ab. — Erstes Pferderennen (auf dem Strießer Felde). — Der liebenswürdige Lieder-Componist Fr. Curschmann † in Strieß bei einem Besuche (s. Gattin Rosa C., geborne Behrend, ein Jahr später). — Regelmäßige Fahrten des „Pfeils" zwischen D. und Neufahrwasser. — Der Jäschkenthaler Weg chaussirt. — Rosenfelder's bestelltes Bild „die Befreiung des Reformators Pankratius Klemm" kommt an. — Genée tritt die Direction des Theaters mit vielem Erfolge an.

1842. Bürgermeister Jacobi an Stelle des emerit. Siewert. — Journalieren-Verbindung zwischen D. und Zoppot. — Großer Saal in

Spliedt's Etabliſſement in Jäſchkenthal erbaut. — Die ruſſiſche Dampf=
Fregatte Kamtſchatka und die Dampf=Corvette Bogatyr erſcheinen auf der
Rhede; der König ſchifft ſich auf dieſer 28. Juni nach Petersburg ein und
kehrt 17. Juli hieher zurück. — Der Brückenkopf vor dem Olivaer Thor
wird durchbrochen und eine gerade Durchfahrt aus der Stadt in die große
Allee hergeſtellt. — 17. Juli Brand des Regierungs=Gebäudes, baldiger
Wiederaufbau. — Im Sept. Thierſchau und Ausſtellung landwirthſchaft=
licher Gegenſtände im Schützengarten. — Der allbeliebte Oberarzt des ſtädti=
ſchen Lazareths, Dr. W. Baum, geht als Profeſſor nach Greifswald.

1843. 2. Jan. Säcularfeſt der Naturforſchenden Geſellſchaft (ge=
ſtiftet von Dan. Gralath und 8 andern Freunden der Nat.=Forſchung). —
Milder Winter, faſt ohne Schnee und Eis. — Umbau der Jakobsthor=
Brücke.

Das Schauſpielhaus in Zoppot erbaut.

Das Kinder= und Waiſenhaus erwirbt vom Eliſabeth=Hoſpitale die an=
grenzenden Pfarr=Gebäude mit Hof und Garten zur beſſern Abrundung;
deßgleichen 1845 das nahe Haus in der Töpfergaſſe, jenſeit der Radaune,
über die ein hölzerner Gang führt. — Das Terrain zur k. Werft erworben
(Wieſenland mit Gräben an der Weichſel). — Umwandelung der Erziehungs=
Anſtalt in Jenkau in eine höhere Bürgerſchule. — Schlechte Handelsgeſchäfte.
Aufſtand der Arbeiter wegen Erhöhung des Lohnes, ſtrenge Maßregeln. —
Der „Neue Weg" an der Dominikaner=Kirche von der Johannisgaſſe zum
Altſtädtiſchen Graben durchgebrochen; Brücke dabei über dieſen. — Zweites
Muſikfeſt im Marienburger Remter, am Pfingſtfeſte. Der König, zu dem=
ſelben reiſend, weilt in D. den 2. Juli. — Am 2. ſehr heftiges Gewitter,
Regengüſſe und Ueberſchwemmungen. — Dr. Kniewels' „offener Proteſt" gegen
Sonntags=Entheiligung durch das Feſt macht viel Aufſehen. — Starker
Raupenfraß im ſtädt. Forſte bei Hela. — Rhederei: 82 Segler, 3 Dampfer,
zuſammen von 15,455 Laſten.

1844. Bau eines Wachthauſes und Magazines für das Inventarium
des k. Navigations=Schulſchiffes „Amazone." — Stiftung des ev. Guſtav=
Adolfs=Vereines. — Verbeſſerte Einrichtung des Gewerbhauſes. — Die
Stadtverordneten erklären ſich im Einverſtändniß mit dem Magiſtrat für
Oeffentlichkeit ihrer Sitzungen. — (Attentat Tſchech's auf den König). —
Großes Glasgemälde hinter (über) dem Altar der Pfarrkirche, vom Könige
geſchenkt. — Gefährliches Hochwaſſer Anfangs Auguſt. — Pferderennen auf
dem gr. Exercierplatze 21. Sept. — Viele Gutachten und Streitigkeiten über
die beabſichtigte Veräußerung des der Commune gehörigen Grebiner Waldes.

6

— Im Kinder= und Waisenhause, zu dem die Stadt jährlich 1315 Thlr. gab, waren 69 Kinder, und noch 56 auf dem Lande, in Hela ꝛc. untergebracht. Communal=Einnahme 309,000 Thlr., Ausgabe 304,000 Thlr.

1845. Erscheinen des sehr anregenden „Bürgerblattes" von Dr. Grübnau. Neuer Contract über die Jagdnutzung in der Nehrung. — Zur Stationirung der „Amazone" und Anlegung einer Werft überläßt die Stadt dem Fiskus 5 Morgen Magd. vom ehem. jungstädtischen Holzraume an der Weichsel für 500 Thlr. — Brand in der großen Mühle, so daß von den 24 Gängen beider Mühlen 9 ein Vierteljahr stillstanden. — Eisenschrank für die Schwarz'sche Münzsammlung. — Die neue apostolisch=katholische Gemeinde erhält von der Stadt 500 Thlr. jährliche Beihülfe. — Brauer Drewcke pachtet auf 20 Jahre den städtischen Haferspeicher am Stadthofe und baut ihn zu einer Bairisch=Bier=Halle (jetzt „Hunde=Halle") aus. — Der Bau der Grünen=Thor=Brücke schreitet langsam fort. — Ansehnlicher Gold= und Silberfund (wohl aus Napp's Zeit) in einem Schranke des „Großen Christoph"=Gewölbes im Rathhause, und ein zweiter im geheimen Archive über dem Portale, zusammen 1000 Thlr. an Werth. — Der Secretär der Stadtverordneten, Dr. Hingelberg, †. Stadtverordneten=Vorsteher Kaufmann Trojan, Stellvertreter Commerz.=Rath Pannenberg. — Deutsch=katholische Bewegung durch Czerski, in D. sehr gefördert (zu politischen Zwecken) durch den charakterlosen und später in Amerika ganz abgefallenen Rud. Dowiat. — Das Garnison=Lazareth erbaut.

1846. Der Sicherheitsverein (600 Mann) als Communalgarde leistet gegen die Unsicherheit der Straßen und Häuser wesentliche Dienste. — Bürgermeister Jacobi †, (tüchtiger Jurist, eifriger Beamter). — Des Bildhauers Freytag „Museum" (Sammlung von Gegenständen der bildenden Kunst als Modelle und Anregungen) vorläufig im leerstehenden sehr verfallenen Franziskaner=Kloster untergebracht. — Gesetz am 5. Juli über Anordnung der Provinzialstände. — Der „Danziger Kirchenbote" von Dr. Kniewel ꝛc. erregt Anstoß durch Zelotismus, deßgleichen das neue Gesangbuch von 1841 mit sehr derbkräftigen „Kernliedern" (gegenüber dem von 1810); unterzeichnet: Das geistl. Ministerium der St. D., Bresler. — Der Gewerbe=Verein erwirbt durch Beihülfe des Commerz.=R. v. Frantzius u. A. das Schiffergildenhaus, um es für die Gewerbeschule, die Sonntags= und Abends=Gewerbeschule, und zu Concerten ꝛc. auszubauen. — Erste christ.=katholische Einsegnung des Pred. von Balitzki zu Pfingsten. — Stiftung des D. Gesellenvereins. — Bürgermeister Siewert (1837—42, dann pensionirt, geb. 1773) †.

1847. Patent vom 3. Febr. über den Vereinigten Landtag als ge=
meinsame Landesvertretung. — Die Johannis=Schule erhält als höhere
Bürgerschule das Recht der Abiturienten=Entlassung. — Magistrat und
Stadtverordnete beschließen für die Sitzungen der Letzteren die Oeffentlich=
keit von 1848 ab. — Der Neubau der Petri=Schule und die Einrichtung
des bisherigen Lokals für Elementar=Schulen beschlossen. — Verbesserung der
Schule in Neufahrwasser. — Erstes Preußisches Sängerfest in Elbing, auch
von D. aus sehr besucht. — Dr. Kniewel tritt aus der Landeskirche und
wird Pastor der Alt=Lutheraner. — Erweiterung des Stadt=Lazareths durch
ein großes neues Krankenhaus. — Ungünstiger Stand der städtischen Forst=
verwaltung und allmähliche Abholzung des zu ihr gehörigen Grebiner
Waldes. (Jäschkenthal 204 pr. Morgen, Grebin noch 540, Hela 4500
unter 9646 überhaupt, Nehrung 16,681, doch darunter an Dünen, Versan=
dungen, Gewässern 2c. 2773; es bleiben der Forstverwaltung 14,088 Morgen,
welche nicht die Kosten decken).

1848. (Februar=Revolution in Paris. Aufstand und Straßenkampf
in Berlin 18. März. — Die Verfassung 3. Febr. vom Könige beschworen.)
Große politische Aufregung in D. bei entschiedener Ohnmacht der Po=
lizei. Bürgerwehr. Die Weißbrenner'sche Partie (Sackträger=Vereinigung)
usurpirt die Polizeigewalt mit argen Ausschreitungen. Der Gymn.=Lehrer
Dr. Hintz publizirt eine Petition an den König um Herstellung des abso=
luten Königthums. Auflauf und Lärm vor seinem Hause in der Breit=
gasse, 30. Juli. Einschreiten des Sicherheitsvereines, 2 Menschen getödtet.
Bürgerwehr und Schützengilde stellen die Ruhe her. Größerer Tumult
am folgenden Abende wird durch ernste militärische Maßregeln und einen
starken Platzregen vertrieben. — Aufstand der Holzarbeiter, welche das
Stellgeld auch im Winter fordern. — Cholera: es erkrankten 1296 und
starben 700 Personen. — Getreide=Preise pro Scheffel: Weizen 57, Roggen 27,
Gerste 21, Erbsen 32 Sgr. — Neue octroirte Verfassung 5. Dec. — Die
Birgitten=Kirche (bis 1850) renovirt. — Stiftung des kath. Pius=Vereines.

1849. Ende April: Großer Speicherbrand (11 Speicher), der auch
die Grüne Brücke zerstört; diese bald hergestellt. — Cholera Mai bis Octo=
ber: von 1564 Erkrankten starben 1128. — Erste Schwurgerichts=Sitzung.
— Fixation der meisten Lehrer.
Bau einer Helling auf der k. Werft, so wie eines hölzernen Krahnes.
— Die Straf=Kaserne an der Birgitten=Kirche erbaut. — Krieg mit Däne=
mark; Blokade bis August. Das Handelsschiff „Adler" greift den bloziren=
den Kutter mit Erfolg an. — Der verdiente Musiklehrer C. A. Reichel †,

6*

geb. 1766. — 50jähr. Amts-Jubiläum des Domherrn Rossolkiewicz. — Viel Aufsehn und Streit durch den wahrsagenden Schmiedgesellen Köhn zu Suckczyn. — Der „constitutionelle Verein" löst sich auf.

Die im März errichtete Bürgerwehr wird aufgelöst und liefert die erhaltenen alten Gewehre (1470) wieder ans königliche Gouvernement ab. — Der sehr beliebte Lieder-Componist O. Tiehssen (1817 in D. geboren) †. — Ein Pelikan (Pelecanus onocrotalus) bei Pröbbernau geschossen. — Die Uhrmacher-Innung gestiftet, (1862 aufgelöst.) — Die Schriftstellerin Adele Schopenhauer †, geb. 1802. — Rhederei: 103 Segler und 3 Dampfer, zus. von 22,721 Normallasten. — Viel Diebstähle und Räubereien; der aufgelöste Sicherheitsverein zurückgewünscht.

1850. Von den 12,280,845 Thlrn. freistädtischer Schulden waren bis anfangs 1850 abgezahlt: 10,047,261 Thlr., und blieben noch: 2,233,584 Thlr. — Revidirte Verfassung 31. Jan. — Die neue Petri-Schule erbaut; Realschule 1. Ordnung. — Stiftung des kath. Borromäus-Vereines. — Der Gewerbe-Verein miethet das „Russische Haus" in der Holzgasse zu einer Gewerbehalle. — (Sefeloge's Attentat auf den König in Berlin, 22. Mai.) — Hildebrand's berühmtes Gemälde: „Abend auf Madeira." — Der gelehrte Arzt und Naturforscher Dr. Berendt †. — Mehre seit 1848 in D. erschienene Wochenblätter („Patrouille" 2c.) hören wegen der neuen Bestimmungen über die Caution auf. — Der berühmte China-Missionär Dr. Gützlaff macht in D. viel Aufsehn. — Großer Weißbrenner'scher Prozeß vor dem Schwurgerichte 4. Juli u. ff. — Grundsteinlegung zum neuen Schützenhause 16. Sept. — Einweihung der neuen Petri-Schule (kostete 18,000 Thlr.) — Der Pseudo-Fürst Altieri (Jude Meierowicz aus Wilna) macht in D. vielen Humbug, wird erkannt, flieht, wird in Warschau festgenommen. — Zweites Preußisches Sängerfest in D. Anfangs August, erschwert durch die innere Renovation des Theaters 2c. (c. 400 Sänger aus c. 40 Orten). — Die Barbara-Kirche renovirt und ihre Sacristei vergrößert. — Das Stadtgericht (früher Rathhaus der Alten-Stadt) ausgebaut, mit bedeutendem Anbau. — Zimmermann's Wasserheilanstalt in Pelonken eingerichtet. — 1260 Schiffe ausgegangen. Bedeutende Verschiffung von Getreide, auch von Holz. — Rhederei: 105 Seeschiffe und 3 Dampfer, zusammen mit 23,300 Normallasten.

1851. Der hochverdiente Oberbürgermeister von Weickhmann (seit 1814) tritt aus dem Amte; an seine Stelle Justizrath Grobbeck. — Weniger exportirt, nur viel Fleisch. Nach Polen gehn 2 Passagier- und 3 Schlepp-Dampfer. 1344 Schiffe ausgegangen. — Vier Tscherkessen-

Häuptlinge, aus Rußland entflohen, werden nach blutigem Kampfe mit preußischem Militär gefangen, in Bromberg zu zweijähriger Festungshaft in Weichselmünde verurtheilt, und treffen im März in D. ein, wo sie von zahlreicher Menschenmenge begleitet sich die Stadt ansehen. — Totale Sonnen= finsterniß 28. Juli, auch von weithergekommenen Astronomen hier beob= achtet, (wie früher 1651, 1666, 1788) namentlich in Rixhöft. Der König, nachdem er Revüen in Pommern und Preußen abgehalten, kam nach D. und besichtigte die Naturerscheinung in Begleitung des Prof. Anger aus Dan= zig auf dem Schlosse Rutzau am Putziger Wiek. — 500jähriges Jubelfest der Friedrich=Wilhelm=Schützenbrüderschaft unter zahlreicher Betheiligung von außen. — Das „jüngste Gericht" in der Pfarrkirche durch Keller restaurirt. — Stiftung des kath. Vincenz=Vereines. — Ein weither von Süden ver= irrter Lämmergeier (aus Aegypten?), weiblichen Geschlechts, wurde in der Niederung geschossen, und einige Tage darauf bei Miggau ein männlicher ganz ermatteter gefangen. — Die Corvette „Danzig" läuft in D. vom Sta= pel, erbaut vom Sch.=Baumeister Klawitter. — 200jähriges Jubelfest des Rathsweinkellers.

1852. Die k. Prov.=Gewerbe=Schule erweitert. — Das (kath.) Marien=Krankenhaus erbaut, resp. eingerichtet. — 1185 Schiffe ausgegan= gen. — Rob. Reinick, liebenswürdiger Maler und Dichter, †. (geb. in D. 1805.). — Von der freistädt. Kriegsschuld blieben noch 1,300,000 Thlr. — Die Rose'sche Mahlmühle vor dem Hohen Thore mit den benach= barten Gebäuden und der „Kunst" brennt ab, 5 Menschen kommen dabei ums Leben. — Missionspredigten der Jesuiten Haslacher, Anderletti und Pottgeißer während 15 Tagen in der Birgittenkirche, auch in der zu St. Nicolaus. — Das „Danziger Museum für vaterländische Alterthümer und Kunstwerke" erhält von dem Könige als Beschützer den Kopf Friedrichs des Gr. in Gyps=Abguß nach Rauch's kolossalem Denkmale in Berlin. — 50jähriges Jubiläum der v. Conradi'schen Erziehungs=Anstalt in Jenkau. — 5. Aug. Eröffnung der Ostbahn durch den sehr feierlich empfangenen König; dieser fuhr vom Bahnhofe sofort mit dem festlich ge= schmückten Dampfboote „Blitz" nach Neufahrwasser; Diner dort in einem Festsalon am Lootsen=Hause. Weiterreise zur See nach Putbus. — Rege= lung des Droschkenwesens. — Cholera vom Anfange des Aug. bis zum Anfange des Novbr.; es starben in der Stadt 804, im Landkreise 563 Per= sonen. — Anleihe von 160,000 Thlrn. zur Anlage einer Gasanstalt be= willigt.

1853. Umfangreiches u. vielseitiges Geschäft, namentlich in Ge=

treibe. Zahlreiche Schiffe (1756) wie lange nicht seit 1803. — Bau einer Schmiedewerkstätte und eines zweiten Magazins auf der k. Werft. — Gas= Anstalt vorbereitet und fast beendigt. — 14=tägige Sitzung des Schwur= gerichts im Monstre=Prozeß über die 26 Angeklagten der Repping=Zinnack'schen Räuberbande. — Eröffnung des niederstädtischen Marien=Krankenhauses mit barmherzigen Schwestern, mit 23 Krankenbetten, darunter 7 Freistellen. Die Anstalt erhält Corporationsrechte. — Neue Numerirung aller Häuser der Rechtstadt. — Aufhebung des Miethscontractes mit der christkatholi= schen Gemeinde über die Heil. Geist=Kirche. — Im Juli wird die neue Städte=Ordnung eingeführt, mit Herstellung von Magistrat und Stadt= verordneten, Abschaffung des Bürgergeldes, Einführung des Einzugs= und des Hausstandgeldes. — Dr. Wagner Oberarzt des städt. Lazareths an Stelle des Dr. Götz, der nach Kiel geht. — Der König kommt auf der Reise zur Eröffnung der Eisenbahn=Strecke „Braunsberg=Königsberg" nach D., besucht den Gottesdienst in der Trinitatis=Kirche, nimmt ein Souper im Hepner'schen Landhause in Langfuhr an, 2c. — Umbau der Hohen= Thor=Brücke. — Abbruch der von Feuer beschädigten Colonnaden längs dem Kohlenmarkte. — An der Cholera starben (Juli bis Novbr.) 601 Per= sonen von 952 Erkrankten. — Von der freistädt. Kriegsschuld blieben noch 1,000,000 Thlr.

1854. 1402 Schiffe ausgegangen. — 1854 f. Bau einer zweiten Helling auf der k. Werft, und Beginn des Baues der Corvetten „Lorelety" und „Nymphe". — Dampfschiff=Verbindung zwischen Neufahrwasser, Danzig und Warschau. — Neue Vergoldung des obern Theiles des Rathhauses und des geharnischten Mannes. — Einrichtung der Gas=Anstalt, erweitert 1861 2c. — Dem Minister=Präsidenten von Manteuffel wird das D. Ehrenbürger= Diplom durch einige Stadtverordnete persönlich überreicht. — 12. März Dammbruch der Alten Radaune bei Nobel und Ueberschwemmung bis an die Stadt, dann Entleerung bei Krampitz in die Mottlau. — Ein Dammbruch bald darauf bei Rothekrug, der sich auf 200⁰ Breite erweitert, reißt bei Weßlinke einige Höfe weg; Ueberschwemmung bis Bürgerwiesen und Sand= weg, bis in den Kneipab; zugleich Ueberschwemmung von Nobel, Müggenhal, Hochzeit 2c. 6.—12. April der Bruch bei Rothekrug gefangen und ge= schlossen. — Blokade der russischen Ostseehäfen durch die englische Flotte (Krimkrieg). Starker lohnender Schiffsverkehr von Neufahrwasser aus. — Der Prinz von Preußen erscheint in D. und Oliva, giebt dort ein Diner, besichtigt die Außenforts und hält große Parade. — Im Juli berührt Prinz Friedrich Karl D. auf der Reise mit dem Kriegsdampfer Nix nach Pillau

und Memel. — Lebhafter Handel: während des Juli 6400 Last Weizen ein=
gegangen und 4078 verschifft; große Bewegung auf der Rhede. — 10. Aug.
Weichselmünde in Kriegsstand gesetzt und durch eine Schanze am Damen=
bade verstärkt. — Erstaunlicher Rückschlag des Verkehrs gegen Ende August.
Die Preise der Lebensmittel durch enorme Aufkäufe für die engl. und franz.
Truppen sehr gesteigert. Schlimme Zeit für die erwerblos gewordenen
Arbeiter. — Umfassende Reparatur am Thurme des Rathhauses.
E. G. A. Böckel †, geb. zu D. 1783, Pastor daselbst 1809—21, dann
Prof. in Greifswald, zuletzt emeritirt als General=Superintendent 2c. in
Oldenburg.

1855. Von der freistädt. Kriegsschuld blieben noch 730,000 Thlr. —
Mitte Januar bis Ende März strenge Kälte bis über 20⁰ Réaum.; viele
Obstbäume erfroren. Ende März furchtbare Ueberschwemmung mit mehr
als 40 Durchbrüchen, unerhörte Höhe des Wassers und Versandungen an
Weichsel und Nogat. — 15. April Erdrutsch von 8' Höhe zwischen Emaus
und Tempelburg. — Das Dampfschiff „Danzig", mit c. 100 Arbeitern nach
Memel geschickt, strandet dort am Süderhaken, und alle bis auf 2 Mann
ertrinken. — Prinz Karl auf der Rückreise von Petersburg inspicirt in D.
die Artillerie. — Letzte Theater=Vorstellung unter Genée's Leitung. (Fidelio
von Beethoven). — Der Kronprinz Friedrich Wilhelm, mit Jubel empfangen,
weilt 4 Tage in D., auch beim Johannisfeste in Jäschkenthal. — Schlechte
Ernte und Nothstand. — Cholera: es starben daran 1194 Personen vom
10. Juli bis gegen Ende August. — Nachbewilligung von fast 2000 Thlr.
zur Reparatur des Rathhaus=Thurmes. — Christ. Cölestin Mrongovius,
poln. Prediger an der ev. Annenkirche und gründlicher Kenner und Vor=
fechter der polnischen Sprache, †. — Eröffnung der Bühne unter der
Direction L'Arronge's. — 1235 Schiffe ausgegangen.

1856. Einführung des allgemeinen Landes=Gewichts. — Sehr
rühriges Geschäft; 1429 Schiffe angekommen, 1427 ausgegangen. Zugleich
erhöhte Thätigkeit der Fabriken, besonders der Oelmühlen. — Bau mehrer
Werkstätten und Verwaltungs=Locale auf der k. Werft. — 1856 und f. die
verschiedenen Gebäude der kolossalen Gewehrfabrik erbaut. — Theurung
und Nothstand in der Provinz, besonders in Ostpreußen; Comité zur Abhülfe
in D. — Die D. Actien=Rhederei=Gesellschaft gegründet mit 200,000 Thlr.
Capital. (400 Actien à 500 Thlr.), zum Bau von See= und Flußschiffen,
namentlich Dampfern für See= und Weichselhandel. — Friedr. Genée, als
Leiter der D. Bühne seit dem Herbste 1841 sehr verdient, †, nachdem er
zuletzt seit Jahr und Tag in Irrsinn verfallen war. — Ungeheure Menge

von Stichlingen in Weichſelmünde ꝛc. gefangen. — Der Grundſtein zum neuen Criminal-Gefängniſſe auf Neugarten gelegt. — Von der freiſtädt. Kriegsſchuld blieben noch 240,000 Thlr.

1857. Das Wandgemälde im Artushofe (Jagd), 1725 von der St. Marienbrüderſchaft geſchenkt, völlig untauglich geworden, wird durch ein neues (Diana) von Scherres, Striowsky und Sy gemeinſchaftlich gemaltes erſetzt, wozu die Brüderſchaft 200 Thlr., die Kaufmannſchaft ebenſoviel, und die Commune den kleinen Koſtenreſt hergab. — Joſ. von Eichendorff, geb. 1788, welcher in D. 1821—24 lebte und dichtete, †. — Aufhebung des Sund- und Belt-Zolles mit dem 1. April. — Starkes Geſchäft, aber nicht ſehr lohnend. 1892 Schiffe angekommen; ſtromabwärts 2568 Fahrzeuge, darunter 202 Dampfer. — Beginn des Baues der Fregatte „Arcona“, fertig 1858. — Evang. Kinder-Krankenhaus im Schwarzen Meere gegründet. — Die Danz. Privat-Actien-Bank (mit 1 Mill. Thlr.) errichtet. — 5. Preuß. Provinzial-Sängerfeſt in D. gefeiert, mit c. 900 Sängern, im Theater, im Guttenbergshaine, im Schützengarten ꝛc. — 7. Aug. große Feuersbrunſt auf der Laſtadie (Pasbach), durch den Poggenpfuhl (Petriſchule ꝛc.) bis zur Fleiſchergaſſe; 27 Vorhäuſer und viele Nebengebäude zerſtört. Bald darauf ein bedenkliches Feuer auf dem 4. Damm. — Cholera vom 20. Sept. bis zum 19. Nov.; von 480 Erkrankten ſtarben 257. Unſre Provinz war damals die ungeſundeſte; auf 21,₅₆ Lebende kam ein Todesfall. — Der frühere Oberbürgermeiſter Geh. Rath v. Weickhmann, im Amte 1807—51, ſeit 1814 Ob.-Bürgermeiſter, zuletzt ſeit 1851—56 noch Stadtverordneter, † an Entkräftung im 82. Jahre und hinterläßt anſehnliche Legate. — Prinz Adalbert inſpicirt die Werfte (Gazelle und Arcona im Bau begriffen) und aſſiſtirt der Beiſetzung zweier königl. Prinzen in dem ſtatt des früheren (von 1807) neu erbauten Gewölbe auf dem Heil. Leichnams-Kirchhofe.

1858. Sehr lebhafter Getreidehandel. — 1738 Schiffe angekommen, ſtromabwärts 2679 Fahrzeuge, darunter 153 Dampfer. Rhederei: 121 Segler, 9 Dampfer, zuſ. von 32,327 N. L. Klagen über Hinderniſſe der Schifffahrt, beſonders über die noch immer nur in Ausſicht geſtellte Regulirung der Weichſel und ihrer Nebenflüſſe. — Vermählung des Prinzen Friedrich Wilhelm mit Pr. Victoria, auch in D. feſtlich begangen. Glänzende Illumination beſonders des Rathhaus-Thurmes. — Oberarzt Dr. Wagner vom ſtädtiſchen Lazareth geht an die Univ. Königsberg; 2 Oberärzte an demſelben angeſtellt. — Jeſuiten-Predigten in der Birgitten-Kirche, und ſpäter in Oliva. — Dreitägige Feier des 300 jährigen Jubiläums des Gymnaſiums, in der Trint. Kirche, im Gymn. (Antigone, Captivi ꝛc.) und in Jäſchkenthal. —

Große Feuersbrunst von der Gr. Mühlengasse bis über das Breite Thor
ꝛc. und die Synagoge hinaus. 35 Grundstücke und auf ihnen 25 Wohn=
gebäude nebst ebenso vielen andern Gebäuden zerstört. Feuerwehrhülfe kam
aus Königsberg und Elbing, freilich zu spät. — Sofortiger Beschluß über
Einrichtung einer Feuerwehr nach zeitgemäßer Art. — Noch ansehnliche Brände
auf Kneipab, in der Sandgrube und der Junkergasse. — Die erste Nummer der
„Danziger Zeitung" erscheint am 1. Juni. — Ungewöhnliche Trockenheit, ähnlich
wie 1811. Zur Vermählung des Prinzen Friedrich Wilhelm mit Prinzeß Victoria
von England läßt die Stadt eine sehr kunstvolle silberne Nachbildung der be=
rühmten Galeere, die im Artushofe hängt, durch den Hof=Juwelier Stumpf
anfertigen. — Der Neptunsbrunnen vor dem Artushofe restaurirt. Ge=
mälde im Inneren am Friese, von Louis Sy, nebst Erneuerung des Schnitz=
werkes. — Bau des Criminal=Gerichtes nebst Gefängnissen. — Die abge=
brannte „Kunst" wieder hergestellt. — Kathol. Kirche in Neufahrwasser ein=
geweiht (die erste hier seit der Reformation gebaute.) — Im Aug. ansehn=
liche Provinzial=Gewerbe=Ausstellung in einer auf dem Buttermarkt erbauten
Halle 140' lang und breit; sie gewährte eine erfreuliche Ansicht des gewerb=
lichen Aufschwunges der Provinz.

Bau der Fregatte „Gazelle", (fertig 1859), sowie mehrer Gebäude auf
der k. Werft außerhalb der Umzäunung in der folgenden Zeit: Speisehäuser,
Lafettenhaus, Waschküche, Holzschuppen ꝛc., dann auf besonders eingezäuntem
Raume eine Artillerie=Werft, Magazine, Büreau=Gebäude, Büchsenmacherei,
Gießhaus, u. s. w. — Eröffnung des Stadttheaters unter der Leitung
Dibbern's (Maria Stuart).

1859. Große Handelsthätigkeit; viele Wünsche. Angekommen 1849
Schiffe, ausgegangen 1835; stromab 2737 Fahrzeuge, darunter 128 Dampfer.
— Die 1851 neu erbaute Mühle an der „Kunst" brennt wieder ab und
wird wieder neu erbaut.

Cholera: von Aug., bis Novbr. starben 403 Personen (erkrankt 773).
— Großartiges 100jähriges Fest der Geburt Fr. Schiller's am 10. Nov.,
mit Colossal=Büste, Volksaufzügen und Reden, Dilettanten=Aufführung im
Theater, Liedertafel, Festessen im Artushofe ꝛc. — Einrichtung der Feuer=
wehr, sowie der Schutzmannschaft statt der bisherigen Nachtwächter. —
Theater=Director Dibbern † an der Cholera. — Dr. Kniewel † (gelehrter
Theologe und gründlicher Kenner und Förderer der geistl. Musik, legte
1847 sein Amt als Archidiakonus an der Pfarrkirche nieder, trat aus der
Gemeinde und wurde altlutherischer Pastor).

1860. Ein für die Handelsgeschichte D. bedeutendes Jahr. Ange=

kommen 2532 Schiffe, ausgegangen 2672; stromab 3229 Fahrzeuge, 153 Dampfer und 1852 Traften Holz. Der Export betrug 20,800,000 Thlr., der Import 5,260,000 Thlr. Der Getreide=Export belief sich auf 95,073 Lasten, (mehr als je im 18. und 19. Jahrhundert) für 14,845,700 Thlr.; Fleisch für ¼ Mill. Thlr. Die Zahl der eignen Dampfer stieg auf 11, neben 108 Seglern. — Guter Verdienst für die arbeitende Klasse. — Die Jakobskirche (Stadtbibliothek) innen besser ausgebaut. — Bau der Ka= serne Wieben bis (1868). — Normal=Uhr im Artushofe. — An der Annen= kirche ein evang. Geistlicher für den polnischen Gottesdienst angestellt. — Besuch Sr. Kön. Hoheit des Prinz=Regenten.

Kapitalvermögen der Stadt beträgt 640,000 Thlr. — Reparaturen am Grünen Thor, am Rathhause, am Stadthofe, an der Langen Brücke rc. — Die Stelle eines städtischen Schulrathes creirt. — Eine Mittelschule errichtet. — Spaltung in der freireligiösen Gemeinde. — Consistor.=Rath Bresler †, geb. 1797. — Der Philosoph Arthur Schopenhauer, geb. in D. 1788, †. — (Einweihung der Eydkuhner Eisenbahn, 3. Juni. — Der oberländische Canal eröffnet, 31. Aug.)

1861. Einführung einer allgemeinen Gebäude=Steuer. — Einfüh= rung des neuen deutschen Handels=Gesetzbuches. — Der bisherige Prinz= Regent besteigt als König Wilhelm I. den Thron. — Attentat des Studenten Becker in Baden=Baden, 11. Juli; Dankgottesdienst für die Rettung des Königs, 21. Juli. — Reise zur Krönung nach Königsberg, große Festlich= keiten beim Besuch in D. auf der Rückreise, Erbauung einer prächtigen Festhalle vor dem Artushofe rc. — Allee am Faulgraben angelegt. Der offne Radaunen=Canal hinter Adlers Brauhaus zugeschüttet und dafür ein bedeckter aus Cement gebaut. — Durchführung der Langen Brücke bis an den Fischmarkt. — Die Façade des Artushofes restaurirt. — Abwässerung der Niederstadt durch Aufräumung des Schleusengrabens. — Verbesserter Be= trieb der Nehrungschen Forst und Vermessung (13,658 Morgen 106 □ Ru= then; die Helaer Forst 6120 M., das Jäschkenthaler Wäldchen 174 M.) — Die Grüne Brücke mit neuen eisernen Klappen hergestellt. — Schiffe gingen aus 2649, kamen an 2699, ferner 3811 Stromfahrzeuge nebst 168 Dampfern und 1953 Traften Holz. Verschifft wurden 104,000 Last Getreide für 18,800,000 Thlr., Holz für 5,240,000 Thlr., Diverses für 1,167,000 Thlr., zus. für 25,230,000 Thlr. Seewärts importirt für 5¼ Mill. — Volkszählung; Gesammt=Bevölkerung 87,765 Personen; unter der Civilbe= völkerung waren 51,502 ev., 16,623 kath., 2928 jüdische.

1862. Die Grüne und die Kuh=Brücke in Eisen gebaut, für 4400 und 5330 Thaler. — Das Gewölbe der Pfarrkirche reparirt, wozu die Stadt 6000 Thlr. beisteuerte. — Die Katharinen-Schule in eine „Mittelschule" verwandelt. — Cantor Wollmann an der Nicolai-Kirche †. (geb. 1821 in Marienburg, Herausg. der Choräle zu Landmesser's kathol. Gesangbuche 1848.) — Handelsvertrag mit Frankreich. — Verbreiterung der Mottlau durch Abstich eines Theiles vom Bleihofe. — Bepflanzung der Promenade von der Lohmühle bis zum Irrgarten. — Besuch des Prinzen Adalbert (Marine) und dann des Kronprinzen (Manöver, Franziskanerkloster, Kunstsammlungen ꝛc.); auch des Cultusministers v. Mühler, und (von der See her mit einem kolossalen Linienschiffe) des Prinzen Alfred von England. — Eröffnung der Bühne im Herbst unter Direction von Emil Fischer. — Wahl des Berliner Polizei-Präsidenten Hrn. v. Winter zum Ober-Bürgermeister von D., und königliche Bestätigung. — Die St. Bartholomäi-Kirche auf Kosten des Schiffsbaumeisters Klawitter (für 2300 Thlr.) mit Heizapparat und amerikanischen Bastmatten versehen. — Strenge Kälte im Decbr. bis 21° Ré. — (Einweihung des neuen Universitätsgebäudes in Königsberg.) — Das Victoria- (Sommer-) Theater auf Neugarten vom Kunstgärtner Rabicke erbaut und eröffnet. (7. preuß. Sängerfest im Circus zu Elbing, in Vogelsang und Kahlberg.) — Die 17 Morgen haltenden Dünen von Weichselmünde bis Polsk gehen in städtische Verwaltung über, nachdem der Fiskus ihre Festlegung für 26,000 Thlr. ausgeführt hat. — Die Einnahmen (und Ausgaben) der Commune stiegen von 531,000 Thlr. auf 561,000 Thlr. Das Kapitalvermögen betrug am Schlusse des Jahres 744,000 Thlr. — Schiffe gingen ein 3179 mit 280,700 Normallasten. Großartiger Export. Getreide 136,585 Lasten für 22 Mill. Thlr., Holz (1261 Schiffe) für 5,888,000 Thlr. — Eisenbahn Thorn-Lowicz. Comité für Erbauung einer Eisenbahn nach Warschau. — Von der freistädt. Kriegsschuld blieben nur noch 6142 Thlr.

1863. Ober-Bürgermeister Geh. Rath v. Winter und bald darauf Bürgermeister Lintz treten an die Spitze der städtischen Verwaltung. Umfassender Plan 1. zur vollständigen Reorganisation der Elementarschulen, 2. zur geregelten Wasserleitung und Abwässerung der Stadt. Trottoirlegung begonnen. — Das verödete und durch Verwendung zum Lazareth sehr beschädigte Franziskaner-Kloster wird von den Ministerien der Stadt übergeben zum Ausbau für Zwecke des Unterrichtes, der Wissenschaft und Kunst. — Die Milchkannenbrücke in eine Drehbrücke umgewandelt (kostet 29,600 Thlr.) — Die Schule in Schidlitz sehr erweitert im Aeußern und Innern (kostet 3563 Thlr.) — Ein Viehmarkt in Altschottland eingerichtet.

— Ausbau des Kinderhauses (4000 Thlr.) — 50jährige Feier des Aufrufs vom 3. Febr. „An mein Volk." Deßgleichen der Schlacht bei Leipzig, mit Pflanzung einer Eiche auf der Festwiese in Jäschkenthal, 18. Oct. — Ausbau des Ankerschmiede=Thurmes zu einem Polizei=Gefängniß mit 12 Zellen ꝛc. — Vollendung der 8klassigen Knabenschule in der Böttcher= gasse. Beginn des Baues der neuen Schule in Neufahrwasser. — Prof. Hirsch mit Beaufsichtigung und Ordnung des Stadt=Archivs beauftragt. — Verbreiterung der Mottlau am Bleihofe für 18,000 Thlr. — Erweiterung der Gasleitung zum Hohen Thore hinaus. — Heftiger Sturm in der Nacht zum 14. Febr., richtet viel Schaden an Schiffen, Gebäuden ꝛc. an. — (Grenzbesetzung wegen des Aufstandes in Polen.) — Erbauung und Ein= weihung des Bürgerschützenhauses draußen auf dem Berge. — Besuch des Kronprinzen und seiner Gemahlin, Seefahrt auf dem Adler. — Hinrichtung zweier Raubmörder im Hofe des Criminalgerichtes. — Provinzialfest der Turner (626) Ende Juli, in Jäschkenthal, im Schützengarten, in Zoppot und Oliva. — Prov.=Lehrerversammlung (500). — Die nächtliche Absperrung der Speicherinsel abgeschafft. — Festmahl im Artushofe für die von der Königsberger Versammlung aus besuchenden Land= und Forstwirthe. — Sturm in der Nacht zum 25. Oct. und zum 23. Decbr. — Weichselmünde armirt und Strandbatterien errichtet. Dänen kreuzen vor Hela. — Das Geschäft sehr unbefriedigend, wegen der polnischen Insurrection, Wasser= mangels in den Flüssen, besonders im Bug, ꝛc.; Intervention für Rußland, viele Kapitalien gefährdet. Doch die Zufuhr ungestört, weil der Bauern= stand in Polen sich beim Aufstande sehr wenig betheiligte. Eingekommen 3103 Schiffe, ausgegangen 3065; abwärts 4123 Stromfahrzeuge, 191 Dampfer und 1472 Traften Holz.*) — Die Mottlau am Bleihofe zum Binnenhafen wesentlich erweitert. — Fixation der Lehrer am Gymn., sowie früher schon an andern Schulen. — Volkszählung. — Umbau der Orgel in Oliva durch Kaltschmidt (6000 Thlr.), fertig 1869.

1864. Neues Reglement für die Stadtbibliothek: täglich geöffnet von 2 bis 5 (Winter 4) Uhr. — Reorganisation der Kassen=Verwaltung. Umbau des Kassenlokales und dann des Rathhauses überhaupt mit durch= gehender Wasserheizung, Entleerung der Keller ꝛc. (48,000 Thlr.) — Das St. Albrechter=Pfarrdorf zu der Commune geschlagen trotz ihrem Wider= spruche. — Bekanntmachung des Wiebe'schen Plans für Wasserleitung und Canalisation. — Bau der rechtstädt. Mädchenschule in der Johannisgasse

---

*) Wo die Rhederei unerwähnt ist, blieb sie wesentlich die des Vorjahres.

beendet, dann die Schule unter den Seugen gebaut. — Krieg mit Dänemark. Der Hafen in Blokadezustand erklärt, 19. Apr. — Kirchgang und Feste in Veranlassung des Sieges bei Düppel, 24. Apr. — Die 5 dänischen Kriegsschiffe auf der Rhede werden von der Vineta angegriffen und ziehn sich zurück. — 20. Juli Einstellung der Blokade. — Die Schule auf dem Bauhofe an der Gr. Mühle erbaut (für 16,250 Thlr.) — Die Buden auf der Langen Brücke nach geschehener Kündigung abgebrochen. — Am Hohen Thore die beiden Piket-Häuser beseitigt, deßgl. 1865 die ehem. Kornmesser-Bude nebst dem Waffer-Druckwerke, — es bleibt nur eine Cigarrenbude. — Der berühmte Orgel-bauer Buckow † in Komorn, geb. in D. 1801: (in ganz Deutschland durch seine zahlreichen Orgeln bekannt, von 10—84 Stimmen; zuletzt in Hirsch-berg anfäßig). — Gymn.-Director Paffow † (geb. in Jenkau bei D. 1814 als Sohn des dortigen Instituts-Directors). — Friede zu Wien zwischen Oestreich-Preußen und Dänemark, 30. Oct. — 2211 Schiffe ausgegangen, mit 241,847 Normallasten. Stromfahrzeuge angekommen 3061 nebst 190 Dampfern. — Rhederei: 114 Segler und 13 Dampfer, zusammen mit 32,662 Normallasten, und 9 im Bau begriffen. (Alex. Gibfone 24, G. Linck 23, &c.) Getreide-Ausfuhr über 100,000 Last, Balken 190,000, u. f. w. — Streit über den vermeintlich evangelischen Charakter des großen städti-schen Lazareths. — Bevölkerung von D. 90,334, incl. 12,203 Mann Militär.

1865. Trübes Jahr für Handel und Gewerbe. — Das Rathhaus im Innern mit großen Kosten (50,000 Thlr.) anders eingerichtet und reno-virt, auch die Bilder von Ant. Möller und A.; deßgl. mit Wafferheizung versehen (für 13,600 Thlr). — Rhederei: 123 Segler und 13 Dampfer, zu-sammen von 36,159 Normallasten; 9 große Schiffe im Bau. Starke Aus-fuhr von Getreide und Holz. — Waffermangel in der Weichsel. Schiffe ausgegangen 2527 mit 270,359 Normallasten. Stromfahrzeuge 4145 und 167 Dampfer. — Bau der Eisenbahn nach Neufahrwasser. — Statuten in Vereinbarung mit dem Ministerium über Beseitigung der Vorbauten. — K. Schnaase, Ober-Tribunalsrath a. D. und berühmter Kunstkenner, †. (geb. in D. 1798). — Das Arbeitshaus Töpfergasse 1 eingerichtet an Stelle des „Schüdderkopp's" im Rathhause. — Nach einem sehr strengen Winter glücklicher Eisgang. — Verein zur Gründung von Rettungsstationen an der Ostseeküste. — Die Erdarbeiten an der Bahn nach Neufahrwasser begonnen. — Die Jesuiten-Schanze fertig (gebaut seit 1861). — Die Uhr vom Gym-nasium in das Schulhaus zu Schiblitz versetzt. — Rest der freiftädt. Kriegsschuld 5,900 Thlr. — Umbau des Hagelsberges (fertig 1876). —

Patti-Concert 6. Nov. — Aufhebung des städt. Servis ꝛc., Einführung der Staats-, Gebäude- und Grundsteuer.

1866. Eine Anleihe von 100,000 Thlrn. zu 8⅔ in 5 Tagen ge= zeichnet. — Bündniß Preußens mit Italien. Krieg mit Oestreich, erklärt 21. Juni, deßgl. mit Sachsen, Kurhessen und Hannover. Allgemeiner Bettag 27. Juni. — Handelsstockung. — Die Danziger Regierungsbehörde feiert das 50 jährige Jubiläum ihrer Einsetzung. (Schrift vom Ob.-Reg.-R. Oel= richs). — 4. Juli Nachricht von dem Siege bei Königgrätz (Sadowa), große Freude, Flaggen, Illumination ꝛc. 500 und dann noch 1000 österreichische Kriegsgefangene kommen in die Kaserne Wieben. — Friede zu Prag 23. Aug., dann auch mit Sachsen. Friedensdankfest 11. Nov.; schon vorher war Waffenstillstand; 11. Sept. die Oestreicher mit Extrazug nach der Hei= math befördert. 15. und 18. Sept. festlicher Empfang unsrer Truppen; den 20. (Einzug des Königs und der Truppen in Berlin) glänzende Illumina= tion. — Theilweise Verlegung der Märkte. — An der Cholera erkrankten seit Juli 2652, starben 1542. — Der gelehrte Organist und Mus.-Director Granzin †. (geb. 1801.) — Rhederei: 130 Segler und 13 Dampfer, zu= sammen mit 38,357 Normallasten; 7 im Bau begriffen. Schlechte Frachten. Angekommen 2072 Schiffe, ausgegangen 2049 mit 224,823 Normallasten.

1867. Im Schwurgerichte über die seit 1866 gefährliche Mathae= Embacher'sche Raub- und Diebsbande: 2 zum Tode, 7 zu lebenslänglicher, 9 zu mehrjähriger Zuchthausstrafe verurtheilt. — Verfassungs-Urkunde des norddeutschen Bundes. — Wahl des Justiz-R. Martens fürs norddeutsche Parlament. — Das Kinderhaus von der Stadt für 28,000 Thlr. gekauft und zum Arbeitshause eingerichtet für noch 7000 Thlr. — Mißernte, Theuerung, schlechte Frachten. Schiffe angekommen 1749, ausgegangen 1769. — Strom= fahrzeuge 4256 beladene und 1778 unbeladene. — 3 Elementarschulen zur vorstädt. Knabensch. in der früheren neu ausgebauten Petri-Schule vereinigt. — Der westl. Flügel des Franz.-Klosters bis 1868 zur Gewerbeschule ein= gerichtet (14600 Thlr.) — Der rothe Saal im Rathhause renovirt; — deßgl. das Krahnthor, — die Niedewand. (8000 Thlr.) — Riesiger Luftballon der Gebr. Berg aus Petersburg (55,000 Kub.-Fuß Gas), Auffahrt der= selben nebst einem Schiffscapitän vom Hofe der Kaserne Wieben, Niederfahrt schon im Kneipab wegen starken Windes. — Wahl zum norddeutschen Zoll= Parlament: Kreisrichter Lesse aus Thorn. — Der Radaunendamm vor der Stadt bis Altschottland mit Bäumen bepflanzt. — Die Zweigbahn Danzig= Neufahrwasser in Betrieb gesetzt. — An der Cholera (Juli bis Oct.) er= krankten vom Civil 499, vom Militär 75; es starben 313 und 18. —

Heftige Aequinoctialstürme; zwischen Neufahrwasser und Neufähr strandeten
10 Schiffe, deren Mannschaften mit großer Mühe fast ganz gerettet wurden.
— Das Leihamts-Gebäude am Legenthor-Platze erbaut (für 33,600 Thlr.)
— Aufhebung des Salz-Monopols, größerer Import von England. —
Ordnung des Landarmen- und Corrigenden-Wesens in Westpreußen.

1868. Handels- und Zollvertrag mit Oestreich. — Neue Maß- und
Gewichts-Ordnung. — Die Kaserne Wieben vollendet (gebaut seit 1860).
Erweiterung des Olivaer Thores (bis 1869). Erbauung des Forts Brösen
(fertig 1870). Die Kaserne auf dem Reiterplatz erbaut (bis 1871). — Ein-
fuhr für 30 Mill. Thlr., Ausfuhr 28,800,000 Thlr., jene zur See
7,370,000 Thlr., diese 18,000,000 Thlr. Schlechte Rhederei, immer steigende
Zahl von (auswärtigen) Dampfern. Angekommen 1735 Schiffe, ausgegangen
1745. — Neue Kirchhöfe angelegt an der Allee, links 1867 für die Trinitatis-
und die St. Annen-Gemeinde, deßgl. 1868 rechts für die Gemeinden von
St. Johann, Petri und Barthol., und ebenfalls rechts 1869 für die von
St. Marien. — Director Dr. Löschin †, als Schulmann, Kinderfreund und
Historiker D. verdient, nach mehr als 50 jähriger Lehrthätigkeit 1866
emeritirt, langjähriger Stadtbibliothekar und (sammt seiner Frau) Haupt-
Verpfleger der Kleinkinder-Bewahr-Anstalten, deren er 4 hinterließ; großes
Leichenbegängniß nach dem Kirchhofe zu Ohra. — Die Eisenbahn nach
Pommern begonnen. — Der Kronprinz besucht sammt dem General Vogel
von Falkenstein D. und die Rhede 7. Juli; Feuerwerk und Beleuchtung des
Weichselufers. — Große Hitze, 24—30° R. im Schatten. — Säcularfest der
großen Allee, 150 jähriges des Irrgartens. — Nach der allgemeinen Volkszählung hatte der Stadtkreis D. 89,725 Bewohner, der Landkreis 75,073
Der Ingenieur Aird übernimmt die Ausführung der Wasserleitung von
Prangnau nach D. für 416,300 Thlr. — Die Mädchenschule am Faulgraben
erbaut, deßgl. die Niederstädtische Schule. — Schiffe angekommen 1749, ausgegangen 1745. Rhederei: 129 Segler und 14 Dampfer, mit 38,368 Normallasten. — Hinrichtung eines Mörders auf dem Hofe des Criminal-Ge-
fängnisses. — Die Friedrich-Wilhelm-Schützengesellschaft feiert die vor 50
Jahren geschehene Wiedererlangung ihres Schießgartens, den die Franzosen
als Artillerie-Park benutzt hatten. — Das Kinder- und Waisenhaus nach
Pelohnken verlegt. — Ed. Hildebrand, berühmter Maler und Weltreisender,
†; geb. zu D. 1818. — (1868 und f.) Die Elementarschule in der Schleusen-
gasse (24,000 Thlr.) und die am Faulgraben (fast 27,000 Thlr.) erbaut, der
letztere entwässert vom Kassub.Markte bis zur Radaune hin. — Publication
der Bau-Polizei-Ordnung. Großer Stadtplan gezeichnet und lithographirt
(2500 Thlr.)

1869. Umbau der Befestigung des Hagelsberges (pro 1869 40,000 Thlr.) Verlegung und Verbreiterung des Olivaer Thores. (Kosten 32,000 Thlr.) — Der Plan des Magistrates zur Canalisation der Stadt wird von den Stadtverordneten genehmigt, und Aird verpflichtet, sie bis Mitte Dec. 1870 für 557,000 Thlr. herzustellen. — Die Stiftung des Kaufmanns Carl Gottfried Klose (vollzogen von seinen Erben, seinem Schwager Fr. Hennings und dessen Schwester) bestimmt 120,000 Thlr. zur Unterstützung verarmter Familien der besseren Stände. — Das Stralsunder Vollschiff Cupido geräth 6. Nov. beim Petroleum-Laden am Bahnhofe zu Neufahr-wasser in Brand, wird außerhalb der Mole geschafft und brennt 40 Stunden lang, wird noch weiter gebracht und versinkt endlich in der See. — Ueber-gabe des großen gemauerten Haupt-Bassins in Ohra zur Wasserleitung; die Wasserstände mit Prangnauer Wasser gefüllt. — Löbell, angesehner Rechtslehrer der Universität Marburg, †; geb. 1791 in Langfuhr, gebildet auf der Anstalt zu Jenkau. — Die Olivaer-Thor-Brücke gebaut. — Neue Gewerbe-Ordnung. — Prinzeß Marie von Hohenzollern bezieht das Schloß zu Oliva. — Eingelaufen 1793 Schiffe, ausgegangen 1838. — Das Hafen- und Stromgeld, sowie das Brückendurchlaßgeld auf die Hälfte herabgesetzt. Import 29,257,000 Thlr., Export 25,650,000 Thlr. Angekommen 1931 Schiffe, ausgegangen 1851. Stromfahrzeuge abwärts beladen 5086, un-beladen 1576; aufwärts 3364 und 2852. — Bau einer Maschinen-Montirungs-Werkstatt auf der k. Werft. — Neue Erweiterung der ev. Mädchenschule auf der Altstadt und der ev. Knabenschule auf der Nieder-stadt. — Einrichtung einer öffentlichen Bade-Anstalt am Bastion Braun-Roß. — Rhederei anfangs 1869: 130 Segler, 3 Dampfer, unter jenen ein Schiff von 641 N. Lasten.

1870. Starke Kälte; Theater und Lehranstalten zeitweilig geschlossen. — Die Stadtverordneten beschließen den Ausbau des vom Kriegsministerium der Stadt geschenkten wüsten Franziskaner-Klosters mit c. 48,000 Thlr., um die Johannis-Schule und das Stadtmuseum einzurichten; zum letzteren hat Kaufmann Klose 64,000 legirt, so daß zugleich zum Ankaufe neuer Gemälde (Hildebrandt's Blaues Wunder rc.) für jedes Jahr Mittel vorhanden sind. — 1. Juli die Eisenbahn nach Zoppot (Neustadt, Pommern rc.) eröffnet. — Das Schulhaus am „schwarzen Meer" (Promenade) erbaut. — Scene zwischen dem Kaiser und dem Vertreter Frankreichs in Ems; der von Napoleon III. längst geplante Krieg gegen Preußen erklärt; freudige Zustimmung der D. Bürgerschaft zu dem energischen Verhalten der Regierung. — Auf Befehl der Commandantur werden allnächtlich sämmtliche Festungsthore geschlossen.

— Stürmische Begeisterung bei der Nachricht von den siegreichen Kämpfen bei Weißenburg, Wörth, Saarbrücken; Flaggen und Victoria-Schüsse. Den 21. Aug. kommt die französische Flottille in Sicht: 3 große Panzer und ein Aviso; nachdem sie sich von Brösen ins Putziger Wiek zurückgezogen, macht sich im Dunkeln Capt. Weickhmann mit der Corvette „Nymphe" hinaus, giebt ihr volle Ladung, und zieht sich vor der Verfolgung schnell unter die Strandbatterien. Folgenden Tages geht die Flottille um Hela herum nach Westen ab. — 25. Aug. werden die ersten 200 gefangenen Franzosen, Zuaven und Turcos in die Kaserne auf Niederstadt gebracht. — 3. Sept. großer Enthusiasmus über die Gefangennehmung Napoleons und des Heeres bei Sedan; die Schulen sofort für den Tag geschlossen. Glänzende Illumination, Musik vor dem Rathhause, Choralgesang 2c. — Director G. Lang aus München übernimmt die Leitung des Stadttheaters. — Die Blokade der Ostsee-Häfen aufgehoben, die Schifffahrt beginnt wieder, die französischen Kriegsschiffe kehren nach Hause. — 27. Sept. Jubel über den endlichen Fall von Metz. — Weihnachten treffen wieder französische Gefangene ein und werden in Baraken am Bischofs- und Hagelsberge untergebracht. Zusammen hier 9150 Gefangene. — 24. Nov. deutscher Reichstag. — Rhederei 1870: 125 Segler, 13 Dampfer, zusammen von 37,000 R. Lasten, und 4 große Schiffe im Bau. Geschäfte durch den Krieg gestört. Angekommen 1590 Schiffe, ausgegangen 1545. — Revision der Statuten des Landes-Oekonomie-Collegiums. — Umbau der Lünette Wobeser auf dem Holme. (fertig 1874). — Neubau der Hafen-Batterie (bis 1873). — Herstellung eines großen Masten-Krahns auf der k. Werft.

1871. Den 29. Jan. Capitulation von Paris (Einzug 1. März). Am 26. Febr. Die Friedenspräliminarien unterzeichnet. — 4. März Eisgang, Durchbruch der Weichsel bei Käsemark, Ueberschwemmung städtischer Ortschaften: Prinzlaff, Schönbaum, Freienhuben, Letzkauer-Weide. — Festlicher Empfang der Pioniere den 12. März; der Landwehr den 27. März. Heimsendung der Kriegsgefangenen; Friede zu Frankfurt. Festlichkeiten und Ehrengeschenke für die nach D. heimgekehrten Truppen. — 16. April Verfassungs-Urkunde des deutschen Reichs. (Den 16. Juni Einzug des Königs und des Heeres in Berlin.) Dankgottesdienst wegen des Friedens. Die letzten Franzosen kehren im Juli heim. — 4. Juni Erinnerungsfest an die Wiedereinweihung der Trinitatiskirche 1821. — Das große Lazareth kommt nach langem Streite wieder in die Verwaltung der Commune. — Triumph-Einzug der 2. Division am 30. September in die festlich geschmückte Stadt. — Die große Actien-Brauerei in Kleinhammer erbaut, mit hübschen

7

Parkanlagen geziert. — Der bisherige Exerzierplatz am kleinen Zeughause (Wallplatz) wird mit Gartenanlagen und Springbrunnen geschmückt. — Die Mahl- und Schlachtsteuer bringt 5000 Thlr. über das Erwartete. — Aufbesserung der Gehälter der Subaltern-Beamten, der Elementar-Lehrer und -Lehrerinnen. — Nach Beendigung der neuen Wasserleitung hört die Zuleitung des Radaunenwassers auf. Die Cholera (Sept. und Oct.) sehr mild: 46 Todesfälle (in Königsberg 1550). — Sehr befriedigende Vollendung der Canalisation; Eröffnung derselben mit Festlichkeit auf der Pump-Station, im Beisein des Geh. Oberbaurathes Wiebe als des technischen Rathgebers. — Pocken-Epidemie durch die franz. Gefangenen hereingebracht; ein besonderes Lazareth an der Pferdetränke eingerichtet; von 2700 Erkrankten starben 574. — Den 1. Oct. Neues Statut der kaufmännischen Corporation. — Befriedigende Verhältnisse der Rhederei; angekommen 2374 Schiffe, ausgegangen 2241. — Erweiterung der Schule in Schidlitz zu einer 10klassigen Simultanschule; die 8klassige im Schwarzen Meer wird unter Dach gebracht, die in der Böttchergasse um ein Stockwerk erhöht.

1872. (Die fertige Wasserleitung kostete 427,180 Thlr., die Canalisation 686,956 Thlr., zusammen 1,114,136 Thlr.) — Nach dem Ausbau des Franziskaner-Klosters, (äußerlich 1871, innerlich 1872) wird darin die höhere Realschule zu St. Johann und gegen Ende des Jahres das Stadtmuseum untergebracht. — (Sängerfest in Elbing.) — Das Gymnasium erhält nach Beschädigung durch einen Blitzstrahl einen Blitzableiter. — Großes dreitägiges Säcularfest der Wiedervereinigung Westpreußens mit dem Staate, von den Ständen gegeben am 12. Sept. u. f.) — Vergleich des Magistrats und der Vorsteher der Marienkirche über die gegenseitigen Competenzen. — Einweihung des Denkmals an der Kaserne Wieben für die bei Metz, St. Quentin ꝛc. Gefallenen des 4. Regiments. — Eine fünfklassige Simultanschule in St. Albrecht erbaut (12300 Thlr.) — Die Barbaraschule auf Langgarten im Rohbau fertig. — 30jähriges Stiftungsfest der Liedertafel. — Actiengesellschaft zu einem Eisenbahnbau von Marienburg nach Mlawka an der russ. Grenze, behufs directer Verbindung zwischen D. und Warschau. Die Commune betheiligt sich daran mit ½ Mill. Thalern. — Das Petershager-Thor sammt der Brücke neu gebaut. — Günstige Handelsverhältnisse: starker Umsatz in Holz, weniger in Getreide, wegen schwacher Zufuhr bei starker lokaler Consumtion. Trotz der Börsenkrisis kein Krach in D. Import von der See 17 Mill. Thlr., auf der Weichsel 17,750,000 Thlr., zur Eisenbahn 15 Mill., zusammen fast 50 Mill. Thlr. Export seewärts 18 Mill., zur Weichsel fast 8 Mill., zur Eisenbahn fast

14 Mill., zusammen gegen 40 Mill. Angekommene Schiffe 1844, ausge=
gangen 1873. Rhederei: 108 Segler, 17 Dampfer. — Erweiterung der
Armenanstalt in Pelohnken um 100 Betten.

1873. Mattes Getreidegeschäft, schwere Finanz= und Handelskrisis,
zum Theil als Folge der volkswirthschaftlichen Irrthümer von 1871 u. f.
— Zuschüttung der ungesunden Gräben der Niederstadt und des Radaunen=
Canals am Hakelwerke. — Nach Vollendung der Restauration des Franzis=
kanerklosters (c. 100,000 Thlr.) erstes Concert im Remter desselben am
27. Febr. — Das Denkmal auf dem Exercierplatze an der Mottlau für die
Gefallenen des 33. Regiments eingeweiht. — Prof. Schultz, Direktor der
Kunstschule, bekannt als Architecturmaler und Radirer, †. — Einweihung
des neuerbauten Lokales der Loge zur „Einigkeit." — Die Pferdebahn von
D. nach Oliva eröffnet (später nur bis Langfuhr benutzt). Quistorp's miß=
glücktes Project zu einer Villen=Colonie zwischen Hochstrieß und Pelohnken.
— Cholera von Juni bis Sept. (von 134 Kranken starben 75). — Be=
schleunigung des Abbruches der Beischläge und Vorbauten in der Langgasse,
auch im Executionswege. — Eine dritte Freimaurerloge „zum rothen Kreuz"
gestiftet. — Der Dominiksmarkt auf 14 Tage beschränkt. — Für die Gas=
leitung ein neues Rohrnetz gelegt (146,000 Thlr.) — Anleihe von 2 Mill.
Thlr. für die Stadt beim Reichs=Invalidenfonds, abzuzahlen in 39 Jahren
von 1874 an. — Die sogenannte „Katz" an der Annenkirche am Walle
abgebrochen. — Das neue Schulgebäude am Schwarzen Meer bezogen. —
Durchbruch einer neuen Straße von der Langgarter Kirche nach der Reiter=
Kaserne. — Abrechnung mit der Firma Aird: das ganze Doppelwerk, mit=
gerechnet den Aufschluß der Quellen, kostet 1,286,386 Thlr. — Antrag beim
preußischen Provinzial=Landtage wegen Abtrennung Westpreußens als einer
besonderen Provinz von Ostpreußen. — Sehr ungünstige Handelsverhältnisse
in Folge der zuletzt erbauten Eisenbahnen (Thorn=Insterburg ꝛc.) und der
Zerrüttung des Credites; der Getreide=Export seit 1862 von 332,000 Thlr.
auf ¼ davon gesunken.

1874. Petition der städtischen Behörden an das Abgeordnetenhaus
wegen der Abtrennung Westpreußens, desgleichen von den Vertretern des
Danziger Landkreises. — Sängerfest in D., Jäschkenthal, Oliva, Zoppot
(40 Städte und 51 Vereine vertreten durch 950 Sänger.) — Ein auf hoher
See angeschossener Finnfisch wird bei Heubude angeschwemmt und ans
Land geschleppt (der Fisch 35' lang, der Kopf 3' lang, Durchmesser 5').
Einige Theile kommen ins zoologische Museum in Königsberg, das Skelett
an die hiesige Naturforschende Gesellschaft. — Der deutsche Verein für

öffentliche Gesundheitspflege tagt in D. — Die Gesellschaft „Silesia" bringt eine Erinnerungstafel für Joseph von Eichendorff an seiner ehemaligen Wohnung in der Brodbänken-Gasse an. — Beginn des Umbaues und der definitiven Einrichtung der k. Werft und Marinestation. — Die Wagenhäuser in Bastion Wolf erbaut (fertig 1876). — Ausbau der Küsten-Befestigungen (fertig 1877). — Aufschluß neuer Quellen bei Prangenau für die Wasserleitung (16,000 Thlr.) — Die Barbara-Schule fertig (34,700 Thlr.) — Geschäftsstille. — Zweites Geleise auf der Ostbahn; Krahnbauten in Neufahrwasser. — Zweiter Leuchtthurm zu Rixhöft; Leuchtfeuer bei Heisternest; das Molenfeuer in Neufahrwasser verbessert. Eingegangen 1845 Schiffe, ausgegangen 1826. — Rhederei: 104 Segler, 6 See- und 10 Flußdampfer, zusammen 65,000 Tonnen haltend à 1000 Kilogr.

1875. Mit dem 1. Jan. hört die Mahl- und Schlachtsteuer auf. Errichtung des monumentalen Springbrunnens auf dem Buttermarkte von der Firma J. und A. Aird, nach einem Plane des Stadtbaurathes Licht, als Dank für die ihr übertragene Ausführung der großen Gesundheitswerke für D., welches damit vielen andern Städten als Muster vorausgegangen ist. Der gothische Bau in Metall 24' hoch, zeigt die Reliefbilder der städtischen Beamten und Männer, die sich um die Sache verdient machten: des Oberbürgermeisters Geh. Rathes v. Winter, des Bürgermeisters Lintz, des Stadtbaurathes Licht, des Commerz.-Rathes Bischoff, des Geh. Oberbaurathes Wiebe 2c. Zugleich steuern die Anwohner des schönen Platzes 700 Thlr. bei zu Gartenanlagen auf demselben, und derselbe heißt fortan „Winterplatz". — Die neue Langgarter Schule für 44,000 Mk. fertig. — Zur Turnhalle 36,000 Mk. bewilligt. — Ausbau der früheren Petri-Schule zur großen Elementarschule (57,000 Thlr.) — Die nunmehr vollendete Wasserleitung liefert täglich 315,000 Kubikf. Wasser. — Regelung des Mottlau-Ufers an der früheren Klawitter'schen Werft. — Dürftige Ernte der Weichselländer; Daniederliegen von Handel und Gewerbe. (Die Kaufmanns-Corporation hatte 271 Mitglieder.) — Als Communal-Steuer ein Zuschlag zur Staats-Einkommen- und Classensteuer (242⅔) entrichtet. — Einsturz der neugebauten Kaimauer am Neufahrwasserschen Bahnhofe; die nach Brösen hin fertig bis zum neuen Lootsenboot-Hafen. Bessere Beleuchtung des Hafenkanales. Der Broschke'sche Weg längs der Weichsel gepflastert. — Flußwärts kommen an 4373 beladene und 1201 unbeladene Stromfahrzeuge; stromaufwärts gingen beladen 3348, unbeladen 2060. Rhederei sehr schlecht lohnend: 102 Segler, 7 See- und 11 Flußdampfer. — Ansehnliche Stiftung des früheren Danz. Geh. Commerz.-Rathes Abegg zur Erbauung

billigerer Wohnungen für den kleinen Mittelstand; es werden zunächst
6 Doppelhäuser in Angriff genommen in der „Abeggstraße" an der Stein=
schleuse. — Ein Kriegsgeschwader von den 4 Panzerschiffen „Wilhelm,
Kaiser, Kronprinz und Hansa" hält auf der Rhede Schieß=Uebungen im
August und September. — Beginn des Umbaues und der Vergrößerung
der k. Werft; an Stelle der meistens hölzernen massive Ziegelbauten; das
Ganze sodann neu umschlossen mit Mauern, festen Holzzäunen und Gräben,
sammt der Artillerie=Werft. Verlegung mehrer Gräben und der Schleuse,
der sogen. „Mückeninsel." — Bürgermeister Lintz pensionirt wegen Krank=
heit, mit 2000 Thlr. — Allgemeine Volkszählung; die Stadt hatte 97,931
Einw., der Landkreis 77,958.

1876. Die städtischen Forsten in der Nehrung von Neufähr bis
hinter Kahlberg an den Fiskus verkauft für 630,000 Thlr. Die Dünen=
seite von Kahlberg bis Polsk hin bleibt beim Verkaufe ausgeschlossen, deß=
gleichen der Bernstein=Ertrag längs dem ganzen Strande bis dorthin; fertig
1878. — Nach der Einschätzung zur Classensteuer haben in D. ein Ein=
kommen:

15 von 18,000 Mark, 6 von 33 bis 39,000 Mark,
21 von 23,000 1 von 45,000
2 von 27,000 2 von 50,000
2 von 30,000 1 von 66,000,

so daß Letzterer jährlich 5400 Mark jährliche Steuer zu zahlen hat.

Das Neugarter Thor wird den andern Außenthoren conform erweitert
und sammt der Brücke ausgebaut. — Am 18. Aug. 34° Réaum. in der
Sonne, 28° im Schatten. — Eine neue Brücke über den Festungsgraben
von der Werft zur Stadt (Seugen) zwischen Bastion Fuchs und Luchs wird in
Angriff genommen. Verhandlungen wegen Erweiterung der Passage des
(300jährigen) Hohen Thores. — Vereinstag der „deutschen Erwerbs= und
Wirthschafts=Genossenschaften" unter Vorsitz von Schultze=Delitzsch, hier in
D. — 525jähriges Jubelfest der Friedrich=Wilhelm=Schützengilde; Stiftung
einer silbernen Medaille. — Errichtung eines königlichen zweiten Gymnasiums
und Ankauf eines Grundstückes auf Langgarten für 125,000 Mark; Er=
öffnung mit 110 Schülern. — Die Kaimauer längs der Westerplatte fertig
(begonnen 1868). — Gründung der „Westpreußischen landwirthschaftlichen
Darlehnskasse" in D., zur Beförderung des Creditwesens von der Westpr.
Landschaft errichtet. — Erweiterungen der Gewehrfabrik (seit 1866), deß=
gleichen der Artillerie=Werkstatt (seit 1869). — K. Eisenbahn=Commission
in D. eingerichtet, für die Strecken nach Schneidemühl, Neufahrwasser, Dir=

schau, Königsberg. — Sehr schlechte Geschäfte der Rhederei: 93 Segler, (worunter nur 5 mit Metallhaut versehn sind; viele Schäden, 2 ganz unter=gegangen) und 7 See= und 11 Flußdampfer, zusammen 62,563 Tonnen. (Im J. 1866 waren es 130 2c. mit 77,151 Tonnen.)

1877. Der 80. Geburtstag des Kaisers Wilhelm sehr festlich be=gangen. — Die Kuhbrücke für 40,500 Mark neu gebaut. — Bedeutende Neubauten zur Erweiterung des Heil. Leichnams=Hospitales am Irrgarten; 2 große Gebäude und ein noch größeres palastartiges (Länge 147', Tiefe 34') mit allem Comfort, für c. 130,000 Mark. — Erweiterung und Neubau des Neugarter Thores (bis 78). — Erbauung des Werftthores zwischen den Bastionen Fuchs und Luchs. — Um die Erzeugnisse des Riesel=Terrains bequemer abzuführen, zieht die Firma J. und A. Aird durch dasselbe einen 7 Meter breiten Canal mit einer Abzweigung nach der Schnitenlaake, in=dem die Stadt zu den Kosten von 73,300 Mk. 36,000 Mk. beisteuert. — Die (armen) Ortschaften Strohdeich, Kl. Schellmühl, Zigankenbergerfelde u. a. mit 2000 Seelen werden trotz dem langen Widerstreben der Stadt incommunalisirt, so daß die Gesammtzahl der Einwohner 100,000 über=steigt. — Das Rathhaus entlastet durch Verlegung mehrer Büreaux und des Standesamtes nach dem Hinterhause (früheren Schulhause) in der Jopengasse. — Die neue Mädchenschule am Legen=Thor mit 7 Klassen (28,000 Thlr.) fertig; das in Langfuhr kräftig in Angriff genommen, 1878 fertig. (Die 22 städt. Volksschulen haben 102 Lehrer, 65 Lehrerinnen, 10 Handarbeit=L., und in 157 Klassen 8791 Zöglinge.) — Die Turnhalle eröffnet. — Die Gewerbeschule wird vom Handelsminister als nicht lebens=fähig anerkannt und zum Eingehn bestimmt. — Umschaffung der Klawitter=schen Werft (Brabank) in Lösch= und Ladeplätze. — Der thätige Bürger=meister Meckbach †. — 13. Oct. Ablauf der eisernen Corvette „Moltke", der ersten in D. erbauten. — Anbau am Gewerbehause. — Die neue Schule am Hakelwerk fertig (40,000 Thlr.) — Westpreußen wird selbstän=dige Provinz, zunächst unter Leitung des Oberpräsidenten Dr. Achenbach. — Vollendung der Mlawka=Bahn und der russischen Fortsetzung nach War=schau. — Der Handel beeinträchtigt durch die englische Merchant Shipping Act von 1876. Dennoch großer Getreide=Im= und Export, wie lange nicht seit 1860, nämlich 332,132 Tonnen Import, seewärts exportirt 227,378 Tonnen. Holzzufuhr im Werthe von über 12½ Mill. Mk., Ausfuhr über 12 Mill. Mk. Stromgefäße kommen an: beladen 5013, unbeladen 1235, zusammen 6248; stromaufwärts gingen: beladen 4021, unbeladen 2035, zu=sammen 6056. Rhederei selten lohnend. 87 Segler, 7 See= und 12 Fluß=dampfer, zusammen 127,000 Kubikmeter, (in stetem Sinken seit 1868).

1878. Die Pferdebahn nach Ohra gebaut. — Große Bauten am Hafenbaſſin in Neufahrwaſſer. — Verbreiterung der Hohen-Thor-Brücke und theilweiſe Beſeitigung des Walles daran. — Stiftung Jac. Arendt's (210,000 Mk., geſt. 1876) für verſchämte Arme. — Große Bauten für die Marine, eiſernes Schwimmdock. — Vielerlei Privatbauten, auch von ſehr großen Häuſern. — Waſſerleitung für Langfuhr und Neufahrwaſſer von Pelohnken her. — Sehr geringer Ertrag an Bernſtein. — Merkliches Vordringen der Dünen der Nehrung durch Verwüſtung der Forſten; die ſehr geſchädigten auf Hela ſoll der Staat übernehmen. — Strenge Maßregeln gegen die Rinderpeſt. — Starke Gewitter im Juli, viel Hagel im Sept.; Waſſerhoſe auf dem Haffe bei Grenzdorf. Reiche Ernte. — Im Herbſte nochmaliges Blühn der Obſtbäume und reife Strauchfrüchte; im Novbr. bis 12° Réaum. — Obſt-Ausſtellung auf Zinglershöhe. — In Zoppot während des Sommers viel Badegäſte: 919 Familien mit 2700 Perſonen. — Berathungen über die verſchiedenen Entwürfe zur Regulirung der Weichſel und der Nogat, namentlich zum Durchſtich durch die Nehrung. — Abſonderung der Provinz Weſtpreußen von Oſtpreußen: Ober-Präſident Dr. Achenbach, Landes-Director (Landrath) Dr. Wehr. — Erſter Weſtpr. Landtag, Feſt im Muſeum (Kloſter-Remter). — Enorme Getreideſendungen aus Polen auf der Mlawka-Bahn im Frühjahr und im Herbſte; viel Petroleum und Salz nach dahin exportirt. — Großartige Provinzial-Ausſtellung von landwirthſchaftlichen Gegenſtänden und Thierſchau, mit bedeutenden Prämien. — Die Gewerbeſchule aufgelöſt. — Die beiden ſtädt. Conſumvereine aufgelöſt. — Städtiſcher Etat 2,822,000 Mark. Der Zuſchlag zu den Staatsſteuern zu Communalzwecken beträgt 340%. — Gedenktafel der Maler-Innung am Geburtshauſe Ed. Hildebrand's. — Conſiſtorialrath Reinicke †; Stiftung zu ſeinem Gedächtniß aus freiwilligen Beiträgen für Lehrerwaiſen. — (Friede zu Berlin.) — Jahn's 100jähriger Geburtstag von den Turnern feſtlich begangen. — Große Betrübniß bei den Nachrichten vom Untergange des Panzerſchiffes „Großer Kurfürſt" und von den beiden Attentaten gegen den Kaiſer Wilhelm. — Auflöſung des Reichstages und Neuwahl unter großen Aufregungen. — Dankgottesdienſt nach der Herſtellung des Kaiſers, 8. Decbr. — Die „Wilhelms-Spende" als Zeichen der Sympathie des Volkes für den ſchwer bedrohten und mit Gottes Hülfe erretteten Kaiſer bringt in D., während nur 1 Mk. als Maximum feſtgeſetzt war, 12,000 Mk. von 58,000 Perſonen. — Am Hohen Thore zwei neue Seiten-Durchgänge gemacht und die Brücke beiderſeitig verbreitert (bis 1879). — Weſentliche Vollendung des Umbaues der k. Werft (c. 10 Gebäude); faſt fertig das Dock-Baſſin mit eisernem Schwimmbock und 3 horizontalen Slips; ferner sind im Bau die Masten=Bauanstalt, das Kanonenboot „Iltis", in Reparatur die Cor= vette „Vineta". — Der berühmte Maler Paul Meyerheim aus D. † in Berlin, nachdem er nicht lange vorher seine Vaterstadt noch einmal besucht. — Die Brücke von der Altstadt (Seugen) zur Werft hin im wesentlichen fertig im Novbr. — Verschiedene Pläne und Streitschriften zur Regulirung der Weichsel und der Nogat, und Anhörung der Betheiligten darüber.

Register.

Druck von A. Kulutsch in Ober-Glogau.